Cristianos homosexuales

Cristianos homosexuales:

lo que todos deberían saber

Adermín Díaz Flores

www.librosenred.com

Dirección General: Marcelo Perazolo
Dirección de Contenidos: Ivana Basset
Diseño de cubierta: Daniela Ferrán
Diagramación de interiores: Javier Furlani

Primera edición en español - Impresión bajo demanda

© LibrosEnRed, 2011
Una marca registrada de Amertown International S.A.

ISBN: 9781597547079

Para encargar más copias de este libro o conocer otros libros de esta colección visite www.librosenred.com

PREFACIO

Ningún libro se escribe en el vacío y este no es la excepción. Por más de 15 años, he leído y estudiado innumerables libros, revistas, estudios bíblicos y teorías de toda clase a favor y en contra de la homosexualidad. Las fuentes de información parecen interminables y cada día que pasa se multiplican de tal forma que cualquier individuo normal se sentiría intimidado al momento de iniciar una búsqueda razonable de datos sobre este agudo tema. Todo esto se complica aún más cuando la búsqueda es de índole espiritual, pues los prejuicios sociales y religiosos sobre este asunto producen otra inmensa cantidad de datos y teorías que apuntan a sus respectivos puntos de vista.

Para el homosexual que intenta llenar su inmenso vacío espiritual buscando información por cuenta propia, esta tarea se convierte en una frustrante y humillante tortura intelectual que, en vez de acercarlo al Evangelio y a Su Creador, lo aleja cada vez más de Él. Ni hablar con respecto a la información que reciben los cristianos heterosexuales a través de lo que se les predica, enseñan en sus respectivas iglesias y la bibliografía que tienen disponible en las librerías cristianas. Sin embargo, la falta de publicaciones que traten este tema en español desde una perspectiva pastoral y reconciliadora es notable, por no decir casi nula.

No pretendo crear nuevas teorías, ya hay demasiado material escrito y cada perspectiva busca probar correcta la suya. Pero sí deseo contribuir positivamente compartiendo algunas vivencias personales y ordenando buena parte de los datos recopilados durante mis años de búsqueda en forma clara, utilizando el lenguaje más sencillo posible para alcanzar pastoralmente a miles de seres humanos heridos, humillados y cuyas vidas han sido devastadas por el rechazo, la incomprensión, la falta de amor y los prejuicios infundados de la sociedad; mostrarles el camino desde una perspectiva distinta a la que han estado escuchando por años, el camino esperanzador de abundancia espiritual y vida plena en Cristo Jesús.

Me motiva además la esperanza de crear vínculos de entendimiento y comprensión mutua entre las comunidades cristianas heterosexuales y las comunidades cristianas homosexuales ofreciendo a Dios este instrumento para alcanzar con las buenas nuevas de salvación a todo aquel que quiera acercarse a Él sin limitaciones ni requisitos previos.

Son muchos los que acusan a las comunidades homosexuales cristianas de paganas, blasfemas y engañosas sin tener la más mínima consideración ni respeto por los seres humanos que a ellas acuden, sin pensar por un instante en las circunstancias y experiencias por las que estas personas han atravesado. Quién no ha escuchado decir alguna vez a alguien frases como: "Eso es teología gay" o "solo predican mentiras", esto sin mencionar aquellas que no podrían publicarse. Para muchos, escuchar estas cosas resulta ser su pan de cada día.

Por un lado, no es difícil comprender la gran cantidad de homosexuales que detestan y rechazan todo lo que tenga que ver con religión y con Dios. Viven en rebeldía angustiados por sus fallidos intentos de llenar por otros medios el vacío que solo Dios puede llenar y rechazando al único que puede salvarlos porque han creído en las voces de aquellos que les impiden conocerlo. Por otro lado, tampoco me resulta difícil comprender las desatinadas actitudes y el comportamiento vergonzoso mostrado por una gran cantidad de comunidades cristianas heterosexuales como resultado de la más absoluta ignorancia sobre el tema y sobre la Biblia. Y digo esto con el más profundo respeto, ya que una de las cargas más pesadas para el ministerio pastoral ha sido la falta de interés general hacia el estudio de las Sagradas Escrituras por tantos llamados "cristianos" que a pesar de los años en la Iglesia no han leído siquiera una vez la totalidad del texto sagrado. Y este problema existe en ambas comunidades sin excepción.

Cuánto desearíamos los pastores, ministros y líderes del Evangelio tener más oyentes como los de Berea (Hch 17:10-11), recibiendo la palabra con agilidad mental e investigando diariamente las Escrituras, para cerciorarse sobre las cosas que se les predican y enseñan.

Son varios los propósitos de este texto. Primero, proveer y compartir información bíblica concreta, clara y sobre todo honesta concerniente al tema del homosexualismo y sus referencias en el texto bíblico dejando a un lado los históricos prejuicios culturales y religiosos que afectaron las distintas traducciones modernas. Segundo, compartir con la comunidad heterosexual las riquezas de la Biblia como quizás nunca antes nadie había osado hacerlo, demostrando que la Biblia no contradice su enseñanza respecto a la homosexualidad y el hecho de que sí se puede ser homosexual y cristiano. Tercero, demostrar que el homosexual puede creer, vivir y madurar en la vida cristiana utilizando la Biblia como única y total autoridad en cuanto a doctrina y enseñanza sin rivalizar con sus buenas nuevas de salvación. Cuarto, exponer los fundamentos teológicos básicos que sostiene la comunidad cristiana homosexual. Quinto, presentar una postura clara con relación a varios mitos y falacias existentes sobre las comunidades cristianas homosexuales.

En resumen, ofrecer suficiente información para despertar su interés, estimular su intelecto y provocar en usted el análisis crítico sobre una realidad humana, que ha sido pobre, liviana e irresponsablemente atendida por la Iglesia de nuestros días.

Es necesario que las comunidades cristianas heterosexuales entiendan no solo que las comunidades cristianas homosexuales tienen fundamentos para existir sino que no deberían existir como comunidades aisladas y marcadas por estigmas sociales. Estas tienen todo el derecho de ser consideradas y tratadas cual parte del Cuerpo Universal de Cristo, en otras palabras, la Iglesia. Por ende, se hace necesario un acercamiento genuino y reconciliador entre las partes. Este asunto no puede seguir posponiéndose por más tiempo, pues nuestro Señor y Salvador Jesucristo ciertamente pedirá cuentas a Su Iglesia por su negligencia.

Si usted es homosexual, y desea acercarse a Cristo pero duda de que pueda hacerlo, bienvenido; si es heterosexual y piensa que es imposible para un homosexual ser cristiano, igualmente sea bienvenido. Este es precisamente el libro que ambos deben leer. Su contenido está dirigido precisamente a todo aquel que desee honestamente entender la existencia de las comunidades homosexuales cristianas a pesar de toda la persecución, crítica y desinformación que se ha levantado injustamente contra ellas.

Es necesario aclarar que, de la misma forma que existen múltiples denominaciones cristianas con diferentes criterios doctrinales, existen diferencias doctrinales dentro del universo de comunidades homosexuales cristianas. Sin embargo, son los mismos fundamentos de la fe cristiana los que nos unen a todos al Cuerpo de Cristo.

Al igual que el apóstol Pablo: "[18]Mi oración es que los ojos de vuestro corazón sean iluminados, para que sepáis cuál es la esperanza[b] de su llamamiento[c], cuáles son las riquezas de la gloria[d] de su herencia[e] en los santos[f], [19]y cuál es la extraordinaria grandeza de su poder para con nosotros los que creemos, conforme a la eficacia[1] de la fuerza de su poder[a]".

---

[1] Lockman Foundation (1986)

Introducción

Me hubiera gustado mucho haber podido tener la información recogida en este libro cuando me encontraba luchando salvajemente contra pensamientos homosexuales. Por años estos pensamientos plagaron mi mente y torturaron mi alma. Desde que tengo conciencia, mis padres, maestros y el sacerdote de la comunidad donde crecí me enseñaron que el homosexualismo era algo terriblemente malo y un pecado aborrecible ante los ojos de Dios. Desde muy temprana edad tuve un fuerte anhelo por agradar a Dios, tanto así que todo lo relacionado a Él me llamaba la atención. Realmente anhelaba profundamente conocerle, sin embargo existía algo que impedía acercarme a Dios, pues me sentía atraído por otros niños de mi edad.

A tan corta edad y con un limitadísimo conocimiento de lo que significaba ser cristiano, y mucho menos lo que la Biblia enseña, hice todo lo que creía que debía hacer. Asistía frecuentemente a la iglesia, me involucraba y participaba en las actividades que la iglesia ofrecía, asistía a retiros, etc. Sin embargo, todo seguía igual.

Continué la búsqueda de Dios en medio de mi guerra privada contra lo que entendía estaba muy mal. Comencé a leer más las Escrituras, me envolví en distintos movimientos evangélicos, pentecostales, catacumbas, voluntariamente me sometí a varios intentos de "exorcismos", ayunaba y oraba, pero nada parecía funcionar.

A principios de 1981 tuve un encuentro personal con Jesucristo. Fue esa experiencia la que marcó mi vida para siempre.

Ese momento dividió mi vida entre lo que fue antes de Cristo y después de Cristo. Todo cristiano nacido de nuevo sabe de lo que estoy hablando. Una semana más tarde, durante un retiro espiritual auspiciado por mi iglesia, recibí el bautismo del Espíritu Santo con la experiencia de la glosolalia[2], o sea, la experiencia de hablar en otras lenguas.

Durante ese tiempo viví absolutamente convencido de que mi "problema" se había resuelto. Mi razonamiento era que, finalmente, Dios había escuchado mi clamor interviniendo poderosamente en mi vida, transformando mi mente y corazón, haciendo todas las cosas nuevas tal y como prometía en Su Palabra. Luego, y como una forma de ratificar esa transformación radical, había derramado Su Santo Espíritu sobre mí.

Estos acontecimientos no tuvieron efectos permanentes. Unos siete años después, regresaron todos los sentimientos y luchas pasadas. Ya casado y con una hija, tuve que enfrentar la realidad. Pensé que Dios no había cambiado nada. ¿Por qué Dios podía hacer todo tipo de milagros, sanar enfermos, libertar de las drogas y el alcohol a tantas personas y no hacer lo mismo por mí? ¿Qué había fallado? ¿Había sido genuina mi conversión, mis experiencias espirituales, las manifestaciones de los dones espirituales? Cuando Dios me hablaba utilizando a los miembros de la Iglesia que tenían dones de profecía, ciencia o sabiduría, ¿lo había hecho para mí o para el que estaba sentado al lado mío? ¿Por qué en todas las ocasiones que lo hizo nunca mencionó mi condición?... Y así como estas, tenía muchas otras preguntas para las cuales no encontraba respuesta. Demás está decir que mi mente era un torbellino de preguntas sin respuesta. Intentaba contestar cada una de ellas lo más honestamente que podía, pero entonces me confundía aún más.

---

[2]   Se le llama "glosolalia" al "don de lenguas". Proviene del griego γλῶσσα (glossa), "lengua"; y λαλεῖν (lalein), «hablar». Esta experiencia aparece descrita en las Escrituras, con origen en Hch. 2:1-6.

Para hacer la historia corta, el matrimonio se disolvió, mi hija fue apartada de mí por temor a que fuera yo una mala influencia en su vida. Y como si esto fuera poco, no encuentro una forma adecuada para describir los insultos, desprecios y amenazas experimentadas a raíz de tomar la decisión de revelar mi orientación sexual.

Estos eventos, entre muchos otros, y el profundo amor que sentía por Dios produjeron en mí un tremendo resentimiento y una profunda decepción hacia Dios, la Iglesia y los cristianos. Fue entonces que razoné "si no puedo ser caliente, prefiero ser frío", pues no deseaba ser un cristiano tibio y vivir una doble vida dentro de la Iglesia (Ap 3:15-16). De todas formas, no puedo engañar a Dios, así que tomé la peor decisión de mi vida, apartarme de Dios, de la Iglesia y de todo lo que tuviera que ver con ella.

Tristemente son incalculables los casos de hombres y mujeres homosexuales que en algún momento de sus vidas conocieron a Dios y se han apartado por razones similares o aún más complicadas que las que yo he experimentado. Ahora bien, lo mejor de todo es que Dios nunca abandona a sus hijos.

Una vez que una persona pasa del reino de las tinieblas al reino de Dios se convierte en hijo adoptivo, justificado y santificado por el sacrificio y el derramamiento de sangre de nuestro Señor y Salvador Jesucristo. Desde ese instante en adelante, no hay absolutamente nada que pueda separarnos de Su Amor. Fue Su Amor el que me rescató. Desde ese momento histórico, Él ha tomado las riendas, ha manejado y ha guiado mi vida para llegar a ser quien soy y tener las experiencias y el conocimiento que tengo al día de hoy. Su obra no ha terminado y sigue en pleno desarrollo. Esta obra la comenzó Él y la culminará solo Él. Terminará cuando llegue el final de mis días y eso también lo decidirá Él.

Apreciado lector, es posible que este corto relato de mis vivencias se asemeje a las suyas. Tal vez las suyas sean totalmente distintas, pero el mensaje que deseo transmitirle a usted es que, independientemente de las circunstancias en su vida, Dios está en control. No hay absolutamente nada que escape a su conocimiento y puede confiar en que absolutamente todo lo que pasa en su vida tiene un propósito.

Capítulo I
Las Sagradas Escrituras

Toda la Escritura es inspirada por Dios, y útil para enseñar, para redargüir, para corregir, para instruir en justicia, a fin de que el hombre de Dios sea perfecto, enteramente preparado para toda buena obra[3].

Como ministro del Evangelio y miembro de la Iglesia Universal de Cristo, creo, proclamo y enseño la divina inspiración de la Biblia. ¿Qué es esto? Bueno, en palabras sencillas significa que las Sagradas Escrituras, tanto el Antiguo Testamento como el Nuevo Testamento, son verbalmente inspiradas por Dios y son la revelación de Dios al hombre. Creo que ella es infalible y debe considerarse como la autoridad máxima con relación a las reglas de fe y conducta.[4]

Pero, a qué me refiero cuando digo que las Sagradas Escrituras son "inspiradas". Me refiero a que Dios dominó la mente y el espíritu de los autores humanos de las Escrituras, motivándolos a escribir las palabras adecuadas según están registradas en la Palabra de Dios.[5] Ahora bien, seguramente se pregun-

---

[3]   Reina-Valera (1960).

[4]   Puede hallar testimonio de esto a través de las mismas Escrituras, como por ejemplo: 2 Ti 3:15-17; 1 Ts 2:13 y 2 P 1:21.

[5]   Puede acudir a la sección "Dinámica del Reino" en 2 Ti 3:16 de la Biblia Plenitud (1994) para un excelente artículo acerca de la inspiración divina de la Biblia.

tará, ¿cuál Biblia?, hay tantas traducciones... Esta pregunta es muy válida y por esto dirijo su atención a los textos originales de las Sagradas Escrituras. Es allí donde realmente se amplía el entendimiento y la comprensión acerca de la homosexualidad. Pero se preguntará para qué debo acudir a los textos originales teniendo una Biblia en español. Su Biblia, para la inmensa mayoría de las enseñanzas allí expuestas, resultará más que suficiente. Sin embargo, toda persona que estudie un poco sobre los temas bíblicos sabe que existen algunos textos bíblicos un poco obscuros y difíciles de entender e interpretar. Precisamente el tema de la homosexualidad es uno de esos que producen mucha controversia y el uso de su Biblia personal muy probablemente resulte insuficiente para entender plenamente esta controversia, mucho menos comprender la existencia de comunidades cristianas compuestas por homosexuales. Permítame explicarle algunas razones para esto.

Las Escrituras que tenemos cada uno de nosotros hoy día no son las mismas que fueron escritas originalmente. Cualquier persona que haya leído o estudiado un poco con relación a cómo han llegado a nuestras manos las Escrituras que todos disfrutamos sabe que ellas han pasado por una serie de cambios y traducciones a través de los años. La mayoría de esos cambios y traducciones se ha precipitado en los últimos 500 años.

Es un hecho conocido por los que estudian las Escrituras (y muy pronto usted también se dará cuenta) que se pueden encontrar diferencias entre sus distintas traducciones. Suele ocurrir cuando, se traduce de un idioma a otro, que no se encuentran palabras adecuadas para traducir una idea o término de un idioma a otro, y los que traducen utilizan palabras que se aproximan al significado que buscan o utilizan un significado que en realidad no es el exacto o apropiado.

Esto tiene varias explicaciones. Por ejemplo, si en un lugar no existe el manzano, es imposible traducir la palabra manzano o manzana, ya que para esas personas esa idea o término no existe, por lo tanto, dentro de su vocabulario, esa palabra es inexistente. En cuyo caso, se utilizará una palabra o concepto aproximado o equivalente que trate de llevar la idea de lo que se quiere decir. A veces sucede que los términos, idiomas u objetos caen en desuso o evolucionan. Por ejemplo, para un lector moderno, una palabra que hace 100 años era de uso común hoy día no tiene sentido, pues no la conoce, y esto dificulta el proceso de entendimiento. Como puede ver, son múltiples las razones por las que las traducciones no son necesariamente idénticas a lo que se dijo originalmente.

Asimismo, no hay forma de garantizar que las traducciones realizadas por estas personas estén exentas de influencias y prejuicios contemporáneos al momento en que fueron traducidas. Ahora, algo muy diferente ocurre cuando hablamos de los textos bíblicos escritos en su lenguaje original. A pesar de que no se cuenta, hasta el día de hoy, con los textos originales de las Santas Escrituras, sí existen copias extremadamente exactas en su idioma original, gracias al trabajo meticuloso y riguroso de los antiguos escribas.

Estos personajes fueron hombres que dedicaban sus vidas a preservar y mantener la pureza de las Sagradas Escrituras. Es por esta razón que se hace necesario acudir a estos textos y al estudio del idioma en que fueron escritos originalmente. Estos escritos, a pesar de ser tan antiguos y haber sido transcritos (copiados) en muchas ocasiones a través del paso de generaciones, han mantenido su exactitud hasta nuestros días, según se ha podido comprobar científicamente, a excepción de algunas diferencias que no afectan en nada su contenido. Esto no se puede decir de las distintas traducciones que se han hecho de estas en la corta historia que tienen los textos bíblicos modernos.

Grant R. Jeffrey, hablando sobre la precisión de los manuscritos de la Biblia en su libro La Firma de Dios, dice:

"Durante los últimos cuatro mil años, los escribas judíos, y luego, los escribas cristianos, fueron muy cuidadosos al copiar correctamente y transmitir los manuscritos originales de las Escrituras Sagradas sin error significativo alguno. Los escribas judíos que copiaron a mano cuidadosamente los manuscritos del Antiguo Testamento se llamaban 'masoretas' de la palabra hebrea 'pared' o 'verja'. El sumo esmero en contar meticulosamente las letras de la Biblia creó 'una verja alrededor de la ley' para defender su precisión absoluta".

Cuando un escriba completaba su copia, un evaluador maestro contaba concienzudamente cada letra para confirmar que no hubiera errores en el manuscrito nuevo. Si se encontraba uno, se destruía la copiar equivocada para prevenir su uso futuro como copia maestra.

Como prueba de la increíble precisión de esta transmisión a través de los siglos, considere las traducciones masoréticas y yemenitas de la tora. Hace mil años, los judíos yemenitas fueron separados de sus hermanos del Medio Oriente y Europa. A pesar de las transmisiones y las copias separadas de sus manuscritos de la tora, mil años después solo nueve letras hebreas, de unas 304.805 letras en el manuscrito yemenita de la tora, difiere del texto oficial hebreo masorético de la tora. Ninguna de estas nueve letras variantes de la tora yemenita altera el sentido de una palabra significativa. Este hecho sorprendente prueba cuán excepcionalmente cuidadosos, durante mil años, fueron los escribas judíos al copiar sus manuscritos originales de la tora.[6]

Al indicar que los textos utilizados para "condenar" la homosexualidad han sido traducidos incorrectamente, debo aclarar que no estoy implicando de ninguna manera que los traductores hayan deliberadamente traducido mal las Escrituras. Pero sí quiero ser enfático en señalar que limitarse a leer y aceptar estas traducciones tal y como se encuentran en muchos de los textos bíblicos actuales resta al lector de una comprensión más profunda y justa de los hechos.

---

[6]   Grant (1997, pp. 13-14).

Cada día son más los letrados, estudiosos y teólogos convencidos de que los textos utilizados para condenar la homosexualidad han sido incorrectamente traducidos o no tienen absolutamente nada que ver con el amor serio, genuino y responsable entre dos personas adultas del mismo sexo y que realmente se trata de otras prácticas erradas y consistentemente condenadas a través del texto bíblico.

Tal vez piense, ¿es esto posible?, ¿cómo es que hombres devotos y eruditos en la materia se hayan dejado influenciar por prejuicios culturales e históricos al traducir las Escrituras? Pues bien, esto sí es posible. No es la primera vez que sucede ni será la última. A través de las Sagradas Escrituras, encontramos registros de múltiples ejemplos relacionados con prejuicios. ¿Me creería si le digo que el apóstol Pedro, a pesar de ser quien fue, sufrió de grandes prejuicios?

En el capítulo 10 del libro de los Hechos, leemos el drama acaecido entre un hombre llamado Cornelio, centurión de la compañía "La Italiana", hombre piadoso y temeroso de Dios y el apóstol Pedro. Mientras un ángel le daba instrucciones específicas al centurión de cómo encontrarse con el apóstol, Dios le daba a Pedro una visión. En esta, él veía el cielo abierto, de donde descendía algo semejante a un gran lienzo que, atado de las cuatro puntas, era bajado a la tierra. En este lienzo había varios cuadrúpedos terrestres, reptiles y aves del cielo. En esta visión, Pedro escuchó una voz que le ordena matar y comer de lo que se hallaba en el lienzo. A esto, Pedro responde diciendo: **"Señor, no; porque ninguna cosa común o inmunda he comido jamás"**.[7] Luego de esto, le vino a él por segunda vez la voz que le dijo: **"Lo que Dios limpió, no lo llames tú común,"**[8] Según nos explica el libro de los Hechos, esto se repitió tres veces.

---

[7]   Reina-Valera (1960).
[8]   Ibídem.

Fíjese cómo aún habiendo compartido el apóstol junto a Jesús durante su ministerio terrenal y habiendo escuchado de sus propios labios todas sus enseñanzas, la encomienda de ir y hacer discípulos a todas las naciones, de predicar por todo el mundo el Evangelio a toda criatura, Pedro seguía influenciado por sus prejuicios hacia los gentiles. Tuvo Dios que intervenir y darle una gran lección a Pedro. Finalmente encontramos al apóstol en el versículo 34 confesando: **"En verdad comprendo que Dios no hace acepción de personas sino que en toda nación se agrada del que le teme y hace justicia".**[9]

Asimismo, es muy probable que piense que la palabra "homosexual" haya existido desde siempre, pero John Boswel[10], quien ejerció como profesor de Historia Medieval en la Universidad de Yale, señala:

Está muy claro que en la Biblia no hay nada que excluya categóricamente las relaciones homosexuales entre los primeros cristianos. A pesar del fraude de las traducciones inglesas, que inducen a creer lo contrario, lo cierto es que la Biblia no contiene la palabra 'homosexual', que esta palabra no aparece en ningún texto o manuscrito que haya llegado hasta nosotros, ni hebreo, ni griego, ni siríaco, ni arameo. En realidad, ninguna de estas lenguas incluía una voz correspondiente a la actual 'homosexual', y lo mismo ocurre en realidad con todas las lenguas anteriores a finales del siglo XIX. Ni el hebreo, ni el árabe, tienen hoy en día un término equivalente, ni tampoco

---

[9]   Ibídem.

[10]   Boswell, John (1947-1994). Historiador nacido en Boston, Cursó en la Universidad de William and Mary y en la Universidad de Harvard. Se integró al Departamento de Historia de la Universidad de Yale en 1975, donde fue profesor y presidente desde 1990 hasta 1992. En 1981 Boswell fundó el Lesbian and Gay Studies Center allí. En 1981 ganó el "American Book Award" en Historia por su innovador y controversial trabajo Christian, Social Tolerante and Homosexuality. Poco antes de morir por complicaciones relacionadas al sida en 1994 publicó otro libro controversial entre los estudiosos, Same-Sex Unions in Premodern Europe.

el griego moderno, salvo cuando acuñan palabras por analogía con el seudolatín 'homosexual'. Por supuesto, hay maneras de solventar la carencia de una palabra en una lengua determinada, y es posible condenar un acto sin nombrarlo, pero en este caso particular es dudoso que existiera un concepto de conducta homosexual como una clase.[11]

Así que, según Boswell, el concepto de lo que es un homosexual (entiéndase por esto **aquella persona que mantiene una relación seria, monógama, de amor genuino y responsable con otra del mismo sexo**) es uno desarrollado en los últimos 100 años aproximadamente. Este último dato solamente, sin considerar la validez de todos los demás argumentos discutidos hasta ahora, nos presenta una excelente oportunidad para reflexionar y obliga seriamente a considerar las siguientes preguntas cuando se citan los supuestos textos condenatorios contra la comunidad cristiana homosexual: ¿a qué realmente se refieren los textos bíblicos del Antiguo Testamento, cuando esos documentos originales fueron escritos hace más de mil años?, ¿cuál es el verdadero sentido de los aludidos textos presentes en los libros de Romanos, 1 Corintios y 1 de Timoteo, cuando estos obviamente tienen más de cien años de redactados? Estas preguntas recibirán su debida atención y es el propósito de este trabajo el ofrecerle respuesta.

Pido que Dios les ilumine la mente, para que sepan cuál es la esperanza a la que han sido llamados, cuán gloriosa y rica es la herencia que Dios da al pueblo santo, [19]y cuán grande y sin límites es su poder, el cual actúa en nosotros los creyentes. Este poder es el mismo que Dios mostró con tanta fuerza y potencia.[12]

---

[11]   Boswell (1998, p. 604).
[12]   La Santa Biblia Dios Habla Hoy (1996).

Capítulo II
La Biblia enseña

Para comprender las Sagradas Escrituras, usted necesita mirar todo el panorama histórico o contexto de estas. Esto significa que debe hacer un esfuerzo por entender qué era lo que la gente estaba haciendo, qué estaba ocurriendo en el ámbito espiritual, histórico y físico de la cultura en el momento en que fueron escritas. Debe permitir que la Escritura se explique ella misma, observar el significado de las palabras cuando ellas fueron originalmente escritas y no la forma en que nosotros las interpretamos hoy. Las palabras suelen cambiar de una generación a otra, aun entre grupos sociales con idioma común pero regionalmente separados. Puede usted mismo comprobar esto haciendo un pequeño experimento: pregunte a ciudadanos de algunos países latinoamericanos el significado de algunas palabras en el español que usted conoce y compare los distintos significados que encuentre. Se dará cuenta inmediatamente a lo que me refiero.

En mi país natal, Puerto Rico, para ilustrarle con un ejemplo concreto, la palabra "caldero" en la zona metropolitana se utiliza para el utensilio de cocina que se usa para hacer el arroz y la "hoya" es usada para hacer sopas y guisados. Pero en el área sur de la isla significan lo opuesto, al caldero se le llama "hoya" y a la hoya se le llama "caldero". Interesante, ¿verdad?

No debe descansar exclusivamente en la traducción que se hace de alguna palabra en específico sin estudiar más a fondo las circunstancias que rodean tal traducción. Esto es especialmente relevante cuando se trata de palabras controversiales que puedan tener grandes repercusiones, como en el caso del tema aquí tratado. Estas palabras deben estudiarse cuidadosamente y se hace obligatoria la comparación con otras versiones del texto. Aunque es útil conocer los idiomas bíblicos, no es estrictamente necesario ir a un seminario para estudiarlos. Hoy día se consiguen muy buenos textos, diccionarios expositivos de palabras del hebreo y griego bíblico, léxicos exhaustivos y concordancias de ambos Testamentos en español que le ayudarán y facilitarán su estudio. Otra técnica útil de estudio cuando existe duda del significado de una palabra en algún texto específico es comparar el uso que se le da a la misma palabra en otros textos bíblicos.

Cuando hago referencia a la Biblia prefiero utilizar la frase "la Biblia enseña" y no "la Biblia dice" porque la Biblia puede ser mal utilizada para decir prácticamente cualquier cosa que se quiera decir. Cualquier persona puede tomar frases de aquí y de allá para decir o apoyar cualquier cosa, pero algo inmensamente diferente son sus enseñanzas.

La ayuda del Espíritu Santo es de vital importancia cuando el cristiano decide emprender su viaje a través del camino de la interpretación bíblica. Hay que darle espacio al Espíritu Santo para que guíe su interpretación y su entendimiento.

Son básicamente siete los pasajes bíblicos que tradicionalmente se usan para condenar la homosexualidad. Estos textos pueden ser hallados en: Génesis 19:1-13, Levítico 18:22; 20:13, Romanos 1:26-27, 1 Corintios 6:9, Timoteo 1:10 y Judas 7. Podrá además darse cuenta que las palabras podrán variar de una versión a otra de acuerdo a la versión bíblica que utilice.

Por el uso que se le ha dado a estos textos, la comunidad homosexual ha sido condenada, marginada, rechazada, abusada, golpeada y hasta asesinada. Muchas familias han sido divididas, muchos hijos han sido arrojados a las calles por la incomprensión de sus padres y, sin tener adónde acudir por ayuda, muchos recurren a toda clase de vicios o al suicidio, para terminar de forma abrupta lo que pudieron haber sido vidas productivas llenas de felicidad, satisfacciones y logros.

En los próximos capítulos repasaremos cuidadosamente estos textos dejando a un lado los prejuicios y demostrando que la Biblia sí menciona y condena unos actos homoeróticos específicos cometidos dentro de unas prácticas de prostitución idolátricas; abusos, actos sexuales con niños; actos de violación; falta de consentimiento y amor, actos diametralmente opuestos a una relación de amor entre dos personas adultas del mismo sexo de la cual no existe condena alguna registrada en los textos sagrados.

Capítulo III
Génesis

Génesis es el primer libro de la Biblia, llamado por los judíos *be-re-shith* ("en el principio"), palabra hebrea con que se inicia el libro. Fue llamado "Génesis" por la Septuaginta, más tarde este título fue adoptado por la versión Vulgata, y alude al contenido del libro[13], pero fue la Septuaginta la que le da su nombre en griego. El título viene de la palabra griega *geneseos*, que significa "origen" o "fuente".[14]

Es precisamente en Génesis que encontramos el primer texto que nos ocupa. Para su conveniencia encontrará en este libro todos los textos bíblicos a los que estaremos haciendo referencia junto con otros datos pertinentes.

Génesis 19:1-13

¹Llegaron, pues, los dos ángeles a Sodoma a la caída de la tarde; y Lot estaba sentado a la puerta de Sodoma. **Y viéndolos Lot, se levantó a recibirlos,** *y se inclinó hacia el suelo, ²y dijo: Ahora, mis señores,* **os ruego que vengáis a casa de vuestro siervo y os hospedéis, y lavaréis vuestros pies;** *y por la mañana os levantaréis, y seguiréis vuestro camino. Y ellos respondieron: No, que en la calle nos quedaremos esta noche. ³Mas él porfió con*

---

13   Nelson y Mayo (1998).
14   Lockward. (2003, p. 427).

ellos mucho, y fueron con él, y entraron en su casa; **y les hizo banquete, y coció panes sin levadura, y comieron.** *⁴Pero antes que se acostasen, rodearon la casa* **los hombres de la ciudad, los varones de Sodoma, todo el pueblo junto, desde el más joven hasta el más viejo.** *⁵Y llamaron a Lot, y le dijeron: ¿Dónde están los varones que vinieron a ti esta noche? Sácalos, para que los* **conozcamos** *(H3045* **yadá.***)¹⁵ ⁶Entonces Lot salió a ellos a la puerta, y cerró la puerta tras sí, ⁷y dijo: Os ruego, hermanos míos, que no hagáis tal maldad. ⁸He aquí ahora* **yo tengo dos hijas que no han conocido varón; os las sacaré fuera, y haced de ellas como bien os pareciere; solamente que a estos varones no hagáis nada, pues que vinieron a la sombra de mi tejado.** *⁹Y ellos respondieron: Quita allá; y añadieron: Vino este extraño para habitar entre nosotros, ¿y habrá de erigirse en juez? Ahora te haremos más mal que a ellos.* **Y hacían gran violencia al varón, a Lot,** *y se acercaron para romper la puerta. ¹⁰Entonces los varones alargaron la mano, y metieron a Lot en casa con ellos, y cerraron la puerta. ¹¹Y a los hombres que estaban a la puerta de la casa hirieron con ceguera desde el menor hasta el mayor, de manera que se fatigaban buscando la puerta.*

¹²Y dijeron los varones a Lot: ¿Tienes aquí alguno más? Yernos, y tus hijos y tus hijas, y todo lo que tienes en la ciudad, sácalo de este lugar; ¹³porque vamos a destruir este lugar, por cuanto el clamor contra ellos ha subido de punto delante de Jehová; por tanto, Jehová nos ha enviado para destruirlo.¹⁶

---

¹⁵   Para su beneficio, he incluido en el apéndice 2 las palabras en su forma original junto a sus significados. Esto facilitará la lectura y el estudio del tema presentado en este libro. Los datos han sido recogidos directamente del Diccionario Strong de palabras hebreas, arameas y griegas del Antiguo y Nuevo Testamento y su traducción en la versión Reina-Valera de 1960, de James Strong. Los números que refieren palabras en hebreo comienzan con la letra (H), los números que refieren a palabras griegas comienzan con la letra (G).

¹⁶   Reina-Valera (1960). Destacados en negrita del autor.

Qué respondería usted si le preguntaran cuál fue el verdadero pecado cometido por la gente de Sodoma y Gomorra. ¿Podría responder a esta pregunta con una profunda convicción o solo podría hacer referencia a lo que ha escuchado hablar sobre el asunto…? Veamos los datos en detalle.

Echémosle un vistazo a algunos datos históricos para conocer a los habitantes de estas ciudades. Tanto Sodoma y Gomorra como Adma, Zeboim y Bela o Zoar eran conocidos como "los pueblos de la llanura". Su ubicación exacta se desconoce pero se sabe que ellas quedaban cerca del valle de Sidim. Actualmente se piensa que estas ciudades pudieran estar o bien sumergidas bajo las aguas del Mar Muerto, cerca de sus orillas, o a su extremo sur.

Tom Horner en su libro *Jonathan loved David: homosexuality in biblical times* indica: "Los hombres de Sodoma eran malos, pero no eran malos debido a su homosexualidad, sino que no habiendo dejando de ser tan crueles en sus relaciones con otros seres humanos se habían convertido en bestias".[17] Muchas personas piensan que las comunidades cristianas homosexuales intentan convencer a la sociedad de que no había nada incorrecto en el comportamiento de los habitantes de Sodoma, al contrario, sí hubo maldad y por supuesto que recibieron el castigo que se merecían, pero como Horner concuerdo con que la homosexualidad no tuvo nada que ver con su castigo:

Ellos eran hombres perversos, hombres malos, su intención no era otra cosa que el abuso (como dice La Biblia de Jerusalén) de

---

[17] Horner (1978, p. 47). La traducción es nuestra. A lo largo del libro encontrará referencias a textos escritos originalmente en inglés, por lo que encontrará luego mis traducciones. Cuando esto sea así, incluiremos una anotación al respecto. Es posible que alguien no esté de acuerdo con alguna de nuestras traducciones pero ¿acaso no es precisamente este el asunto principal que motiva la realización del libro? Igualmente, se incluyen todas las referencias para que pueda acudir usted mismo a los textos originales y revisarlos.

los extranjeros y la satisfacción de sus propias lujurias. Eran peligrosos, crueles, de mentes sucias e insensibles violadores. No tiene ningún sentido tratar de describirlos de cualquier otra manera. Su intención era la violación homosexual, lo cual (precisamente igual que su contraparte heterosexual) es la deshumanización de un ser humano por otro o, como en este caso, por otros. La sentencia bíblica es que el juicio sigue siempre al pecado.[18]

Respecto a los sodomitas, *The New Ungrs's Bible Dictionary* nos ilustra como sigue:

Sodomita (heb. cadésh, 'consagrado, dedicado'). Los sodomitas no fueron los habitantes de Sodoma, o sus descendientes, sino hombres consagrados al vicio no natural de Sodoma (cf. Génesis 19: 4-5; Romanos 1:27) como rito religioso. Esta terrible 'consagración', o más bien profanación, se extendió en diferentes formas en Fenicia, Siria, Frigia, Asiria y Babilonia. Astarot, la griega Astarte, era su objeto principal. El término se aplicaba especialmente a los sacerdotes de Cibele, llamados Galli, tal vez por el río Gallus en Bitinia, del que se decía volvía locos a quienes le bebían. En Deuteronomio. 23:17 la tolerancia del sodomita (**"cult prostitute" NASB; "shrine prostitute" NIV**) *estaba expresamente prohibido, y la paga recibida por un sodomita no debía ser puesta en el tesoro del templo (v. 18). 'El salario de un perro' es una expresión figurativa utilizada para denotar las ganancias de un cadésh (sodomita), llamado kinaidos por los griegos, debido a que de forma similar al perro se degradaban (ver Apocalipsis 22:15, donde a los inmundos se les llama 'perros').*[19]

---

[18] Ibídem, p. 48. La traducción es nuestra.
[19] Unger (1988, p. 1206). Destacados en negrita del autor.
Dejamos las palabras cult prostitute y shrine prostitute en inglés porque el libro hace referencias a BIBLIAS en ese idioma, como la New American Standad Bible (NASB) y la New International Version (NIV). Estas palabras pueden traducirse como "prostituta(o) del culto" y "prostituta(o) del santuario".

Para Horner, el pasaje de Deuteronomio 23:17-18 es prueba de que tanto hombres como mujeres israelitas eran, posiblemente de forma permanente, prostitutos y prostitutas sagradas, que existe copiosa evidencia de la participación expresa de los hombres a través del Antiguo Testamento y que estos hombres, en cierto sentido, eran más dedicados en su servicio a la diosa porque su sacrificio había sido mayor al haber ofrecido su masculinidad a la diosa madre. E incluye en su libro el recuento que hace Luciano, escritor del siglo II, en su tratado titulado "The Syrian Goddess" (La diosa siria), donde explica cómo hacían los *galli*, o asistentes eunucos al servicio de esta diosa, para convertirse en tales. Relata Luciano:

> *En ciertos días una multitud acudía al templo, y los Galli en gran número, sagrados como eran, llevaban a cabo las ceremonias de los hombres y cortaban sus brazos y daban sus espaldas para ser azotados. Muchos espectadores tocaban las flautas, mientras muchos tocaban tambores, otros entonan cánticos divinos y sagrados. Todo este comportamiento tiene lugar fuera del templo, y los que participan en la ceremonia entran en el templo.*

> *Durante estos días ellos son hechos Galli. A medida que los Galli cantan y celebran sus orgías, algunos de ellos caen en frenesí, y muchos que habían venido como meros espectadores eran encontrados luego habiendo cometido el gran acto. Voy a narrar lo que hacen. Cualquier joven que hubiese resuelto hacer esta acción se quitaba su ropa y con un gran alarido irrumpía en medio de la multitud tomando una espada de una serie de espadas que supongo se han mantenido por muchos años listas para este fin. La toma y se castra a sí mismo, y corre como un salvaje por la ciudad llevando en sus manos lo que él se ha cortado. Él lo arroja en cualquier casa a voluntad, y de esta casa el recibe vestidos y ornamentos de mujer.*[20]

---

[20] Horner (1978), pp. 64-65. Traducción, resumen y comentarios del autor.

Referencias al prostituto religioso masculino **cadésh** pueden encontrarse en 1 Reyes 14:24; 15:12 y en Job 36:14, donde la palabra es traducida como "sodomita". Partiendo de estas prácticas de adoración idolátricas es que muchos eruditos concluyen sobre la procedencia del termino despectivo "perro" para describir a estos sacerdotes. Más adelante abundaré sobre esto.

Regresando al tema de Sodoma y Gomorra, estas ciudades fueron destruidas luego de que unos ángeles, enviados por Dios, visitaran a Lot y le informaran que el propósito de su visita era destruirlas. Todos los varones de Sodoma formaron un tumulto frente a la casa de Lot pidiéndole que sacara a los ángeles para "**conocerlos**". Esta palabra se usa en otras citas bíblicas con connotaciones sexuales. Aunque muchos insisten en decir que la razón para la destrucción de estas ciudades fue la homosexualidad de sus habitantes y el querer sostener relaciones sexuales con los ángeles, no hay nada más lejos de la verdad.

El punto de tensión en este relato es causado por la palabra "conocer". Según Derrick S. Bailey, "el verbo 'conocer' (*'yada'*) ocurre frecuentemente en el Antiguo Testamento. Solo en 10 ocasiones esta palabra se usa con la implicación de una relación sexual".[21] El *Diccionario Expositivo* de Vine nos dice que esta palabra significa: "saber, entender, comprender, conocer. Este verbo aparece en ugarítico, acádico, fenicio, arábigo (infrecuentemente) y en hebreo en todos los períodos. En la Biblia, el vocablo aparece unas 1.040 veces (995 en hebreo y 47 en arameo)". También nos dice: "En esencia, "**yada**" significa: 1) saber por observación y reflexión, y 2) saber por experiencia", y más adelante nos da un tercer significado, el que "apunta al tipo de 'saber' que uno aprende y puede expresar".[22]

---

[21]   Derrick (1975, p. 2). Traducción del autor.
[22]   Vine (1999).

Algunos *exegetas*[23] dicen que la palabra **yadá** en este relato tiene implicación sexual y otros dicen que no. Los que argumentan a favor de la implicación sexual se basan en el ofrecimiento que hizo Lot de sus hijas vírgenes a los ciudadanos de Sodoma. Los que argumentan que no tiene implicaciones sexuales dicen que lo que el pueblo quería era saber a qué habían venido esos visitantes.

Realmente no tiene importancia determinar cuál de las dos versiones es la correcta, ya que este incidente claramente reseña un acto violentamente abusivo y no simplemente al acto sexual. Si le diéramos a la palabra **yadá** implicaciones sexuales en este contexto, se trataría en realidad de una **violación en masa** y no tendría nada que ver con una relación sexual consentida entre dos personas adultas del mismo sexo que se aman.

Lot ofreció sus hijas vírgenes a los varones que reclamaban a los ángeles para que hicieran con ellas lo que ellos quisieran. Primero que nada, el relato indica que todos los habitantes varones de la ciudad estaban allí presentes, desde el más joven hasta el más viejo. ¿Cómo podemos decir que todos ellos eran homosexuales? Obviamente había heterosexuales entre la multitud, lo que me hace pensar que estos heterosexuales estarían participando concientemente en actos homosexuales sin realmente serlo. De ser así, entonces estos heterosexuales estarían cometiendo actos en contra de su naturaleza. De esto hablaremos en detalle más adelante. Segundo, si eran todos homosexuales, ¿por qué Lot les ofreció a sus hijas? Tiene más sentido pensar que Lot intentaba proteger a sus huéspedes, cosa a la cual estaba obligado por las leyes de hospitalidad culturalmente aceptadas en aquel entonces. Es obvio que Lot intentaba evitar algo que aún en

---

[23] Así se le llama a la persona que hace exégesis (explica, interpreta) los textos bíblicos.

nuestros tiempos se consideraría un acto moralmente atroz y repugnante, o sea una violación masiva, multitudinaria, que casi garantizaría la muerte de sus invitados.

Otros ángulos en los que debe reflexionar son, primero, que el juicio de esas ciudades (Sodoma y Gomorra) había sido anunciado antes del supuesto incidente homosexual ocurrido en el capítulo 19 de Génesis, donde: "El destino de Sodoma ya estaba anunciado en 14:21. Allí el desprecio del rey por Abraham fue un mal presagio para el futuro, porque 12:3 advirtió que quien despreciara a Abraham sería maldecido".[24] Segundo, si el asunto principal de este episodio fue la homosexualidad, ¿por qué ninguno de los otros pasajes en las Escrituras que se refieren a él hace alusión alguna a la homosexualidad?

El *Nuevo Comentario Bíblico: Siglo Veintiuno* añade una perspectiva muy interesante sobre la destrucción de Sodoma y Gomorra en sus comentarios sobre el capítulo 18:1-19:38 al decir: "La destrucción de Sodoma era una prenda de compromiso de la conquista de Canaán y el cumplimiento de la promesa de tierra para Abraham. Sin embargo, el NT contempla la destrucción de Sodoma, al igual que la historia del diluvio, con un significado universal. Jesús advirtió que los pueblos que se niegan a responder afirmativamente a su enseñanza (Mat. 11:20–24) sufrirían peor castigo que Sodoma, y Apocalipsis emplea ampliamente las imágenes de Gén. 19 para describir el juicio de Dios sobre todas las ciudades y naciones que se oponen al Cristo (p. ej. Apoc. 11:8)". Más adelante añade:

4-11 *La mala reputación de Sodoma es rápidamente confirmada.* **En vez de saludar a sus visitantes, los sodomitas (nótese que todos los hombres de la ciudad están involucrados) quisieron violar a sus visitantes.** *En la hospitalidad oriental convencional no* **se podía permitir que los invitados fueran sometidos a una violación homosexual. Las sociedades**

---

[24]   Carson et ál. (1999), Gn 18.1.

antiguas a veces aceptaban la homosexualidad entre adultos por mutuo acuerdo; pero la violación, especialmente de huéspedes, siempre se consideraba como mala. El compromiso de Lot con sus huéspedes era total, como lo demuestra la oferta de sus hijas. Felizmente, ese lamentable ofrecimiento fue rechazado por los atacantes, y los ángeles los hirieron con ceguera temporal.[25]

Observe a continuación algunas diferencias entre versiones bíblicas distintas. Este ejercicio es muy bueno pues enriquece y amplia el texto comparado.[26] En este caso, compararemos la porción que corresponde a Génesis 19: 4-5.

*[4]No bien se habían acostado, cuando los hombres de la ciudad, los sodomitas, rodearon la casa **desde el mozo hasta el viejo, todo el pueblo sin excepción**. [5]Llamaron a voces a Lot y le dijeron "¿Dónde están los hombres que han venido donde ti esta noche? Sácalos, para que **abusemos de ellos** (H3045 yadá)".*[27]

*[4]Todavía no se habían acostado, cuando todos los hombres de la ciudad de Sodoma rodearon la casa y, **desde el más joven hasta el más viejo**, [5] empezaron a gritarle a Lot: —¿Dónde están los hombres que vinieron a tu casa esta noche? ¡Sácalos! ¡Queremos acostarnos con ellos!* [1][28]

---

[25]   Ibídem. Destacados en negrita del autor. Note que estos comentarios concuerdan con los postulados de la comunidad cristiana homosexual cuando por años han declarado que el incidente de Génesis 19 estaba relacionado a las leyes de hospitalidad y sobre todo a un intento de violación masiva por los pobladores de la ciudad.

[26]   Destacados en negrita del autor.

[27]   La Santa Biblia (versión "Biblia de Jerusalén", 1976). Destacados en negrita del autor.

[28]   La Santa Biblia Dios Habla Hoy (1996). Destacados en negrita del autor.

*⁴No estaban acostados todavía cuando los vecinos, es decir los hombres de Sodoma, **jóvenes y ancianos**, rodearon la casa: ¡estaba el pueblo entero! ⁵Llamaron a Lot y le dijeron: "¿Dónde están esos hombres que llegaron a tu casa esta noche? Mándanoslos afuera, **para que abusemos de ellos"**.*[29]

*⁴Pero antes de que pudieran ir a dormir, los hombres de la ciudad, los Sedomi, rodearon la casa –**jóvenes y viejos, todo el pueblo junto**. ⁵ Ellos llamaron a Lot, y le dijeron: "¿Dónde están los hombres que vinieron a quedarse contigo esta noche? ¡Sácalos afuera a nosotros! ¡Queremos tener sexo con ellos!".* [30]

*⁴No bien se habían acostado, cuando los hombres de la ciudad, los sodomitas, rodearon la casa **desde el mozo hasta el viejo, todo el pueblo sin excepción**. ⁵Llamaron a voces a Lot y le dijeron: "¿Dónde están los hombres que han venido donde ti esta noche? Sácalos, **para que abusemos de ellos"**.* [31]

Note lo siguiente, primero, la forma en que es traducida la palabra *yadá* (H3045) y, segundo, como había mencionado, la cantidad de personas involucradas en el asunto. Siéntase en libertad de comparar el texto en su propia versión de la Biblia.

Historia paralela

En cuanto a Dios se refiere, no existe absolutamente nada que ocurra al azar. Es precisamente en el capítulo 19 del libro de

---

[29]   Biblia Latinoamericana (1995).

[30]   Ascunce (2003). Destacados en negrita del autor.

[31]   La Toráh - El Pentateuco. Destacados en negrita del autor.

Jueces que ocurre un relato similar al de Génesis 19. Nos cuenta sobre un hombre que viaja junto con su concubina y se detiene una noche en la ciudad de Gabaa. El hombre y la mujer son recibidos por un hombre viejo, forastero (al igual que Lot) en la ciudad y son rodeados por sus ciudadanos quienes demandaron sacar al hombre "para que lo conozcamos" El hombre viejo entonces les ofrece a su hija y a la concubina de aquel hombre. El visitante envía a su concubina afuera, y esta es violada toda la noche por los hombres de aquella ciudad, y muere en la mañana al pie de la puerta donde su señor se hospedaba.

A pesar de la similitud en ambas historias, en este caso nunca se culpan a los hombres de esta ciudad por la homosexualidad, pero sí por su inhospitalidad. Veamos el texto.

Jueces 19:13-26, 20:48

[13]Ven, sigamos hasta uno de esos lugares, para pasar la noche en Gabaa o en Ramá. [14]Pasando, pues, caminaron, y se les puso el sol junto a Gabaa que era de Benjamín. [15]Y se apartaron del camino para entrar a pasar allí la noche en Gabaa; **y entrando, se sentaron en la plaza de la ciudad, porque no hubo quien los acogiese en casa para pasar la noche.** *[16]Y he aquí un hombre viejo que venía de su trabajo del campo al anochecer, el cual era del monte de Efraín, y moraba como forastero en Gabaa; pero los moradores de aquel lugar eran hijos de Benjamín. [17]Y alzando el viejo los ojos, vio a aquel caminante en la plaza de la ciudad, y le dijo: ¿A dónde vas, y de dónde vienes? [18]Y él respondió: Pasamos de Belén de Judá a la parte más remota del monte de Efraín, de donde soy; y había ido a Belén de Judá; mas ahora voy a la casa de Jehová,* **y no hay quien me reciba en casa.** *[19]Nosotros tenemos paja y forraje para nuestros asnos, y también tenemos pan y vino para mí y para tu sierva, y para el criado que está con tu siervo; no nos hace falta nada. [20]Y el hombre anciano dijo: Paz sea con-*

*tigo; **tu necesidad toda quede solamente a mi cargo, con tal
que no pases la noche en la plaza.** ²¹Y los trajo a su casa,
y dio de comer a sus asnos; y se lavaron los pies, y comieron y bebieron. ²²Pero cuando estaban gozosos, he aquí que los
**hombres de aquella ciudad, hombres perversos (H1100 beli-
yaal), rodearon la casa, golpeando a la puerta;** y hablaron
al anciano, dueño de la casa, diciendo: Saca al hombre que ha
entrado en tu casa, **para que lo conozcamos (H3045 yadá).** ²³Y
salió a ellos el dueño de la casa y les dijo: No, hermanos míos, os
ruego que no cometáis este mal; **ya que este hombre ha entrado
en mi casa,** no hagáis esta maldad. ²⁴**He aquí mi hija virgen,
y la concubina de él; yo os las sacaré ahora; humilladlas y
haced con ellas como os parezca, y no hagáis a este hombre
cosa tan infame.** ²⁵Mas aquellos hombres no le quisieron oír; por
lo que tomando aquel hombre a su concubina, la sacó; y **entraron
a ella, y abusaron de ella toda la noche hasta la mañana,
y la dejaron cuando apuntaba el alba.** ²⁶Y cuando ya amane-
cía, vino la mujer, y cayó delante de la puerta de la casa de aquel
hombre donde su señor estaba, hasta que fue de día.*

⁴⁸*Y los hombres de Israel volvieron sobre los hijos de Benjamín, **y
los hirieron a filo de espada, así a los hombres de cada ciudad como a las bestias y todo lo que fue hallado; asimismo
pusieron fuego a todas las ciudades que hallaban.***[32]

Es interesante que al comparar el versículo 22 con otras
versiones de la Biblia encontramos distintas declaraciones respecto a los hombres de la ciudad, como por ejemplo "verdaderos depravados", "hombres perversos", "hombres pervertidos",
"gente malvada", "gente perversa," "hijos de inicuos", pero la
que encuentro aún más interesante es la mención a los hijos de
Belial. Veamos varias comparaciones de este texto.

---

[32] Versión Reina-Valera (1960). Destacados en negrita del autor.

[22]Mientras alegraban su corazón, los hombres de la ciudad, **gente malvada** (H1100 **beliyaal**), cercaron la casa y golpeando la puerta le dijeron al viejo, dueño de la casa: "Haz salir al hombre que ha entrado en tu casa para que lo **conozcamos** (H3045 **yadá**)".[33]

[22]Pero cuando estaban gozosos, los hombres de aquella ciudad, **hombres perversos**, rodearon la casa, golpearon a la puerta y le dijeron al anciano dueño de la casa: –Saca al hombre que ha entrado en tu casa, para que lo **conozcamos**.[34]

[22]Todo parecía ir muy bien hasta que los hombres de la ciudad, **verdaderos depravados**, rodearon la casa y golpearon la puerta. Le dijeron al anciano, dueño de la casa: "Di a ese hombre que está en tu casa que salga **para que abusemos de él**".[35]

[22]Ellos estaban confortando su corazón, cuando de repente unos hombres de la ciudad, **perversos**, rodearon la casa y comenzaron a golpear la puerta. "¡Manda afuera al hombre que vino a casa contigo!". Ellos demandaron del viejo de cuya casa era el dueño. "**¡Queremos tener sexo con él!**[36]

[22]Y cuando estuvieron alegres, he aquí los hombres de aquella ciudad, que eran hombres **hijos de Belial**, que

---

[33]   La Santa Biblia (versión "Biblia de Jerusalén", 1976). Destacados en negrita del autor.

[34]   La Santa Biblia Dios Habla Hoy (1996). Destacados en negrita del autor.

[35]   Biblia Latinoamericana (1995). Destacados en negrita del autor.

[36]   Ascunce (2003). Destacados en negrita del autor.

cercan la casa, y batían las puertas diciendo al hombre viejo señor de la casa: Saca fuera el hombre que ha entrado en tu casa, para que le **conozcamos**.[37]

[22]Y cuando estaban gozosos, he aquí, que los hombres de aquella ciudad, [que eran] hombres **hijos de Belial**, cercaron la casa, y batieron las puertas, diciendo al hombre viejo señor de la casa: Saca fuera el hombre que ha entrado en tu casa, para que lo **conozcamos**.[38]

Sobre la palabra beliyaal, el Diccionario Expositivo de Palabras del Antiguo Testamento de Vine dice:

*Beliyaal (*בְּלִיַּעַל*, H1100) "maldad; malvado; destrucción". Los 27 casos de este nombre están esparcidos en todos los períodos del hebreo bíblico. El significado básico de este término aparece en un pasaje como Jdg 20:13, donde los hijos de beliyaal violaron y asesinaron a la concubina de un hombre: "Entregad, pues, ahora a aquellos hombres perversos [hijos de beliyaal] que están en Gabaa, para que los matemos, y quitemos el mal de Israel". La primera vez que el vocablo aparece se refiere a hombres que llevan a otros a la idolatría: "Han salido de en medio de ti hombres impíos [hijos de beliyaal] que han instigado a los moradores de su ciudad" (Deu 13:13). En Deu 15:9 el término califica al vocablo hebreo dabar, "palabra" o "asunto". En Job 34:18, se amonesta a Israel que evite palabras (pensamientos) "malas" en sus corazones. Beliyaal es sinónimo de rasha (alguien malo y rebelde). En Nah 1:11 el mal consejero trama maldades en contra de Dios. El salmista usa beliyaal como sinónimo de muerte: "Me rodearon*

---

[37] Versión Reina-Valera (1865). Destacados en negrita del autor.
[38] Versión Reina-Valera (2000). Destacados en negrita del autor.

ligaduras de muerte, y torrentes de perversidad [de hombres per-
versos] me atemorizaron" (Psa 18:4).[39]

Este relato expone nuevamente el intento de una violación
forzosa y cruel contra los invitados de un viejo anciano en la
ciudad de Gabaa. Al no poder echar mano del forastero, vio-
lan masiva y cruelmente a su concubina toda la noche causándole la muerte. Ahora, ¿podría pensar seriamente que hombres
homosexuales estarían dispuestos a violar a una mujer toda la
noche por no poder tomar a un hombre? Tal vez podría pensar que se tratara de hombres bisexuales, pero entonces, ¿no
convierte el acto forzado y multitudinario el asunto en uno
violento y despreciable? Por supuesto que sí. En eso estaríamos
totalmente de acuerdo, y más en el hecho de que no hay en este
acto la más mínima pizca de amor, respeto y consentimiento,
convirtiéndolo en algo totalmente despreciable para todos.

HOSPITALIDAD

He mencionado el asunto de la hospitalidad y el tema es tan
importante que merece nuestra cuidadosa atención antes de
continuar adelante. Es vital que comprenda el concepto de
la hospitalidad, pues su percepción es muy diferente entre
Oriente y Occidente. Las leyes de hospitalidad arrojan muchí-
sima luz sobre el tema que estamos tratando.

¿Qué es hospitalidad? Se define como: "Virtud de albergar
al viajero y forastero o de convidar al conocido".[40] Nos aporta
además el Diccionario de la Lengua Española la siguiente definición: "Virtud que se ejercita con peregrinos, menesterosos y

---

[39]   Vine (1999). Destacados en negrita del autor. Fíjese que según el
diccionario estos hijos de Belial eran hombres perversos que llevaban a otros
hombres a la idolatría, otro dato que apoya las prácticas idolátricas paganas.
[40]   Nelson y Mayo (1998).

desvalidos, recogiéndolos y prestándoles la debida asistencia en sus necesidades"[41] Añade además: "Buena acogida y recibimiento que se hace a los extranjeros o visitantes".[42] Tan importante era ser amable y cortés con el huésped como protegerlo.

Hoy en día no se hace fácil practicar la hospitalidad. El aumento excesivo de la criminalidad ha creado una sociedad insegura y desconfiada. El problema ha tomado tal proporción que ser hospitalario se observa no como algo normal sino más bien como una excepción a las reglas del sentido común. Es evidente que nuestra idea de hospitalidad difiere mucho de las prácticas hospitalarias practicadas por los pueblos de la época testamentaria.

Ahora démosle nuevamente una mirada al texto de Génesis 19:1-25 a la luz de las prácticas hospitalarias comunes de aquella época y utilicemos los datos que nos ofrece el *Nuevo Diccionario Bíblico Ilustrado*. Este, refiriéndose a la hospitalidad del Antiguo Testamento, señala: "... la hospitalidad... en el desierto era algo imprescindible". Al huésped: "Se le trata cortésmente (Gn 24.29-33; Éx 2.20) como a huésped de honor: se debe salir a su encuentro, saludarle, lavarle los pies, atender a sus cabalgaduras y prepararle un banquete. Cuando reemprende el camino hay que acompañarlo un trecho (Gn 18.16; cf. las costumbres enumeradas en Lc 7.36-46)".

Añade además:

Negar o traicionar la hospitalidad era verdadera ignominia[43] *(Dt 23.4; Jue 19.15; cf. los vv. 20s), y la protección del huésped un deber más sagrado que el de padre (Gn 19.1–8; cf. Jue 19.23ss)... el convidado debía corresponder con gratitud;... El rechazo de la hospitalidad se tenía igualmente por ofensa (Gn 19.2s). Los siervos de Dios merecen una hospitalidad extraordinaria... Más allá*

---

[41]   Real Academia Española (1970).

[42]   Ibídem.

[43]   Deshonor, descrédito de quien ha perdido el respeto de los demás a causa de una acción indigna o vergonzosa.

de la mención explícita de hospitalidad, el código de santidad en el Antiguo Testamento exige una atención justa y hospitalaria para las viudas, los huérfanos, los pobres y los extranjeros de Israel (por ejemplo, Dt 14.29; 15.7-11; 16.11; 24.19-22; 26.12) como Jehová ha sido justo y hospitalario con su pueblo al instalarles en la tierra prometida (Sal 146.9; Pr 15.25).[44]

Al examinar y comparar estos datos con el texto bíblico, observe claramente cómo Lot cumple cabalmente con todo lo que de él se esperaba en aquella época.

Lot aparece al principio del relato saliendo al encuentro de los dos ángeles y mostrándoles su respeto: **"Y viéndolos Lot, se levantó a recibirlos, y se inclinó hacia el suelo"**. Rogó para que fuera aceptada su invitación y muestra su cortesía: **"Ahora, mis señores, os ruego que vengáis a casa de vuestro siervo y os hospedéis, y lavaréis vuestros pies; y por la mañana os levantaréis, y seguiréis vuestro camino"**. Al no ser aceptada, su oferta Lot insistió hasta que logró persuadir los extranjeros: **"Y ellos respondieron: No, que en la calle nos quedaremos esta noche. Mas él porfió con ellos mucho, y fueron con él"**. Además, les preparó alimentos: **"y les hizo banquete, y coció panes sin levadura, y comieron"**.

En el capítulo anterior, Génesis 18:1-16, encontrará otro magnífico ejemplo de hospitalidad, protagonizado por Abraham. Allí leemos: **"... estando él** (Abraham) **sentado a la puerta de su tienda en el calor del día... alzó sus ojos y miró, y he aquí tres varones que estaban junto a él"**, tan pronto se dio cuenta de su presencia, **"salió corriendo de la puerta de su tienda a recibirlos,"** les invitó con mucho respeto, **"y se postró en tierra, y dijo: Señor, si ahora he hallado gracia en tus ojos, te ruego que no pases de tu siervo"**, les ofreció sustento, refrigerio y el tradicional lavado de pies, **"que**

---

[44]   Nelson y Mayo (1998).

se traiga ahora un poco de agua, y lavad vuestros pies; y recostaos debajo de un árbol, y traeré un bocado de pan, y sustentad vuestro corazón, y después pasaréis". Los visitantes aceptaron su invitación y Abraham cumplió con todo lo que les había ofrecido. Finalmente, cuando sus huéspedes se marcharon, les acompañó por un tramo del camino, "y los varones se levantaron de allí, y miraron hacia Sodoma; y Abraham iba con ellos acompañándolos".[45]

Si, además, comparamos el trato que recibieron los huéspedes de Lot por el pueblo de Sodoma, notará inmediatamente la gran diferencia. Todo el pueblo deseaba hacer daño a los invitados "y hacían gran violencia al varón, a Lot", así que los ángeles tuvieron que intervenir hiriendo "con ceguera desde el menor hasta el mayor"[46] para que no echaran a bajo la puerta de la casa de Lot.

¿Cuál fue el pecado?

¿Cuál fue entonces el pecado por el cual fueron destruidas las ciudades de Sodoma y Gomorra? La respuesta a esta pregunta se encuentra precisamente en las Santas Escrituras. En el libro de Ezequiel 16:48-50 leemos:

> [48]*Vivo yo, **dice Jehová el Señor**, que Sodoma tu hermana y sus hijas no han hecho como hiciste tú y tus hijas. [49]He aquí que esta fue la maldad de Sodoma tu hermana: **soberbia, saciedad de pan, y abundancia de ociosidad tuvieron ella y sus hijas; y no fortaleció la mano del afligido y del menesteroso.** [50]Y se llenaron de **soberbia**, e hicieron **abominación** delante de mí, y cuando lo vi las quité.*[47]

---

45   Todas las citas han sido extraídas de la versión Reina-Valera (1960).
46   Ibídem.
47   Reina-Valera (1960). Destacados en negrita del autor.

El Señor mismo habló estas palabras y al examinarlas paralelamente al texto hebreo no se encuentra por ningún lado la palabra **yadá** (H3045). Si esta palabra tenía connotaciones sexuales en el texto de Génesis, ¿por qué no se hace mención a ellas en este texto? Examine esta otra versión en un idioma más sencillo.

> [48]*Yo, el Señor, lo juro por mi vida: ni tu hermana Sodoma ni sus aldeas hicieron lo que tú y tus aldeas han hecho.* [49]*Este fue el pecado de tu hermana Sodoma: **ella y sus aldeas se sentían orgullosas de tener abundancia de alimentos y de gozar de comodidad**, pero **nunca ayudaron al pobre y al necesitado**.* [50]*Se volvieron **orgullosas** y cometieron **cosas que yo detesto**; por eso las destruí, como has visto.*[48]

Como puede ver, no se hace alusión alguna a la homosexualidad en este texto pero sí encontramos la palabra "abominación". Estoy seguro de que habrá quien diga que esta palabra seguramente se refiere a la homosexualidad, sin tomar en cuenta lo que el texto dice referente a la soberbia, el ocio y falta de piedad. ¿Qué es abominación? En forma resumida, una abominación es aquello que Dios encuentra detestable por ser inmundo, desleal o injusto. La palabra "abominación" fue traducida de la palabra hebrea **toevah** (H8441). Esta palabra, como podrá darse cuenta, está directamente relacionada con la idolatría y la práctica cananea de la prostitución cúltica.[49]

Con relación al vocablo **toevah**, Horner explica:

---

[48]   Dios Habla Hoy. La Biblia de Estudio (1998). Destacados en negrita del autor.

[49]   Dios deseaba prevenir a su pueblo de las prácticas idolátricas que las naciones y tribus circundantes llevaban a cabo mediante los cultos de fertilidad, donde la prostitución cúltica era practicada tanto por hombres como por mujeres.

[Esta] palabra hebrea ocurre una y otra vez en el Antiguo Testamento en relación a las acciones idólatras, actos generalmente asociados a los cultos de la fertilidad de las naciones que circundaban a Israel. Estas fueron prácticas que los mismos israelitas abrazaron primero en gran número, pero que sus jerarcas más tarde repudiaron como actos de idolatría, en cuyo caso fue la idolatría lo que se estaba condenado, no la homosexualidad en sí.

Las leyes criminales de Israel se encuentran en el antiguo Código de la Alianza (Éxodo 20:22-23:33) y en Deuteronomio 12-26. No hay condena de la homosexualidad en estas leyes civiles; pero es en las tardías leyes sacerdotales (litúrgicas y cúlticas) de Levítico que encontramos con una condena por primera vez. Esta, sin embargo, es una enteramente dentro del contexto del culto, no una del derecho civil o penal. De hecho, todo está atado con esta palabra **toevah** *"abominación", la cual también implica "idolatría".*[50]

Veamos algunas referencias de fuentes tradicionales que hablan al respecto. En el *Diccionario Ilustrado de la Biblia*, Nelson define "abominación":

Término que traduce cuatro vocablos hebreos en el Antiguo Testamento, y en resumen señala la repugnancia que produce un objeto, una persona o una práctica que violenta los postulados religiosos del sistema dominante.

Podía aplicarse a varias cosas:
A la violación de un tabú

"Los egipcios no pueden comer pan con los hebreos, lo cual es abominación a los egipcios" (Gn 43.32; cf. 46.34; Éx 8.26).

A los ídolos

Los ídolos de los gentiles eran abominación por excelencia frente a Jehová, Dios único y verdadero. Astoret era la abominación de los sidonios, quemos, abominación de Moab, etc. (2 Re 23.13).

---

[50]   Horner (1978, p. 52).

A las prácticas idolátricas

Eran abominación por sus implicaciones religiosas y éticas (pues combinaban la deslealtad a Jehová con prácticas que reñían con la santidad, 2 R 21.2-7) y porque incluían adivinación, magia, etc. (Dt 18.9-14).

A los pecados y actitudes ajenos al pacto de Dios con Israel

Véanse cómo en Proverbios se mencionan cosas que son abominación, como los "labios mentirosos" (12.22).

A los actos rituales y sacrificios ofrecidos sin humildad ni espíritu de adoración (Is 1.11-14)

Los mismos conceptos pasan al Nuevo Testamento bajo el término griego *bdelygma*[51]. Según Lucas, Jesús declaró que a veces aún "lo que los seres humanos tienen por sublime, delante de Dios es abominación" (Lc 16.15)".[52]

El *Diccionario Expositivo* de Vine nos indica:

Toebá *(הָבְעוֹת, 8441), "abominación; asqueroso, cosa detestable". Aparecen cognados de este vocablo únicamente en fenicio y en el arameo del tárgum. La palabra aparece 117 veces en todos los períodos. Primero,* toebá *define a las personas y los objetos como esencialmente únicos en el sentido de ser "peligrosos", "siniestros", "repulsivos" y "abominables" desde la perspectiva de otros… En segundo lugar,* toebá *se usa en algunos contextos para describir prácticas y objetos paganos: "Las esculturas de sus dioses quemarás en el fuego; no codiciarás plata ni oro de ellas para tomarlo para ti, para que no tropieces en ello, pues es abominación a Jehová tu Dios; y no traerás cosa abominable a tu casa" (Dt 7.25, 26)…. En tercer lugar,* toebá *se usa en la esfera de la*

---

[51]   bdélugma – G496 en el DICCIONARIO STRONG de palabras hebreas, arameas y griegas del Antiguo y Nuevo Testamento y su traducción en la Versión Reina Valera 1960, James Strong.

[52]   Nelson y Mayo (1998).

jurisprudencia y de las relaciones familiares y tribales. Ciertos actos o características destruyen la armonía social y familiar; a estos actos y a las personas que los practican se les aplica el término toebá: *"Seis cosas hay que aborrece Jahveh, y siete son abominación para su alma: ojos altaneros, lengua mentirosa, manos que derraman sangre inocente, corazón que fragua planes perversos… y el que siembra pleitos entre los hermanos" (Pr 6.16–19 BJ). Dios dice: "Abominación a los hombres [es] el escarnecedor" (Pr 24.9), porque siembra su amargura entre el pueblo de Dios, quebrantando la unidad y la armonía.*[53]

Vea otros textos bíblicos comparativos de Ezequiel 16:48-50:

[48]***Por mi vida, oráculo del Señor Yahveh,*** *que tu hermana Sodoma y sus hijas no obraron como habéis obrado vosotras, tú y tus hijas.* [49]*Este fue el crimen de tu hermana Sodoma:* ***orgullo, voracidad, indolencia de la dulce vida*** *tuvieron ella y sus hijas;* ***no socorrieron al pobre y al indigente,*** [50]***se enorgullecieron y cometieron abominaciones*** *ante mí: por eso las hice desaparecer, como tú viste.*[54]

[48]*¡Vivo yo! dice el Señor, ¡si ha hecho Sodoma, ella y las hijas de ella del modo que has hecho tú y las hijas tuyas!* [49]*Empero esta fue la iniquidad de Sodoma, tu hermana:* ***soberbia; en abundancia de panes y en florecimiento lozaneaban,*** *ella y las hijas de ella; y* ***mano de mendigo y pobre no acogían;*** [50]***y jactábanse; e hicieron iniquidades*** *a faz mía; y las arrebaté, según* [(k)] *vi* [(l)].[55]

---

[53]   Vine (1999).

[54]   La Santa Biblia (versión "Biblia de Jerusalén", 1976). Destacados en negrita del autor.

[55]   La Sagrada Biblia (versión de la Septuaginta en español de 1992). Destacados en negrita del autor.

*48 **"Como vivo Yo" dice YAHWEH**, "tu hermana Sedom no ha hecho, ni ella ni sus hijas, como lo que tú has hecho, tú y tus hijas [Mt 10:15; 11:23]. 49Los pecados de tu hermana Sedom fueron **soberbia y glotonería**; ella y sus hijas **fueron ociosas y complacientes de sí mismas, así que no hicieron nada para ayudar al pobre y el menesteroso.** [77] [Mr 4:19; 16:19; Lu 12:48; Jud 7]. 50 Ellas fueron **arrogantes y cometieron iniquidades** delante de mí; así que cuando Yo los vi, los borré del mapa [Ge 13:10].*56

Carson y colaboradores nos comentan sobre el capítulo 16 de Ezequiel lo siguiente:

Israel se presenta como una esposa desatinada y adúltera, entregada a la prostitución con los egipcios, asirios y babilonios. Su retribución vendría a manos de los amantes mismos que ella ha perseguido.

*La representación puede parecer fuerte para los paladares modernos, pero la elección de la metáfora fue muy apropiada. En sus tratos internacionales **Israel había absorbido con prontitud otras religiones, creencias y prácticas.** Su intercambio social la había expuesto a muchas ideas paganas. Algunas de éstas incluyeron **sacrificios de niños y adoración de ídolos** (20, 21), pero otra hebra **importante incluyó prácticas sexuales de culto.** La actividad sexual no estaba incluida en los ritos de adoración puramente para la gratificación de los participantes, sino que **estaba ligada a la fertilidad; y la fertilidad,** cuando era aplicada a la tierra, significaba alimento y supervivencia. No obstante, **la concupiscencia y la promiscuidad deben todavía haber estado presentes en las actividades del culto.***

***Las prácticas condenadas en este capítulo incluyen actos sexuales con ídolos (17) y culto de prostitución (16, 24, 25, 31).** Parece que estos cultos de prostitución que habían*

---

56   Ascunce (2003). Destacados en negrita del autor.

sido parte del rito "en los lugares altos", es decir, los santuarios en los montes (16), vinieron a practicarse abiertamente en las calles de Jerusalén misma (24, 25).

*Un rasgo interesante del tema sexual del capítulo es que Sodoma y Samaria son citadas como hermanas de Jerusalén en el pecado (46, 47). **Sin embargo, el pecado de Sodoma que se recalca es su arrogancia y falta de preocupación social por el pobre y el necesitado** (49, 50). Se cita a Jerusalén como estando más dedicada a la iniquidad que sus hermanas."*[57]

Sobre el mismo texto, el *Bosquejo Expositivo de la Biblia* de Wiersbe., lee:

*"El profeta menciona a varias naciones gentiles alrededor de Judá y anuncia que Dios las juzgará también por sus pecados. Empieza con Filistea (vv. 4-7) y predice que sus populosas costas serán potreros para el ganado. Luego menciona a Moab y a Amón (vv. 8-11), descendientes del rebelde Lot (Gn 19.33-38). **Maltrataron al pueblo de Dios y con arrogancia "se engrandecieron"; por lo tanto, Dios los humillará**. Sus tierras quedarán en ruinas. Se demostrará **que sus ídolos** son impotentes.*[58]

Estos comentarios pasmosamente concuerdan con los argumentos predicados por las comunidades cristianas homosexuales y sin embargo parecen ser ignorados por aquellos para los que son escritos. Otros los ignoran para mantener el lucro que les produce mantener viva la controversia.

Examinemos brevemente dos textos adicionales que hacen referencia a Sodoma y Gomorra. Son Sofonías 2:9,10 y Sabiduría 19:13-15. En ambos casos los acompaño con otras versiones para su comparación:

---

[57] Carson et ál. (1999).

[58] Wiersbe (1995).Destacados en negrita del autor.

Sofonías 2:9,10

*[9]Por tanto, **vivo yo, dice Jehová de los ejércitos, Dios de Israel**, que Moab será como Sodoma, y los hijos de Amón como Gomorra; campo de ortigas, y mina de sal, y asolamiento perpetuo; el remanente de mi pueblo los saqueará, y el remanente de mi pueblo los heredará. [10]Esto les vendrá por **su soberbia**, porque **afrentaron y se engrandecieron contra el pueblo de Jehová de los ejércitos.**[59]*

*"[9]Por eso, ¡por mi vida - oráculo de Yahveh Sebaot, Dios de Israel - que Moab quedará como Sodoma, y los habitantes de Ammón como Gomorra: cardizal, mina de sal, desolación para siempre! El resto de mi pueblo los saqueará, lo que quede de mi nación los heredará. [10]Este será el precio de su **orgullo, por haber insultado, por haberse engrandecido a costa del pueblo de Yahveh Sebaot.**"[60]*

*[9]Por esto; **"Vivo yo"** (dice el **Señor de los ejércitos, el Dios de Israel**) que Moab como Sodoma será; y los hijos de Amón, como Gomorra [(e)]; Y Damasco, abandonada, como acervo de era y disipada por el siglo; y las reliquias de mi pueblo despojaránlos, y las reliquias de mi gente los poseerán. [10]Esto [(f)] a ellos por **su altanería, porque oprobiaron y se engrandecieron sobre el Señor, el Omnipotente.**[61]*

---

[59]   Reina-Valera (1960). Destacados en negrita del autor.

[60]   La Santa Biblia (versión "Biblia de Jerusalén", 1976). Destacados en negrita del autor.

[61]   La Sagrada Biblia (versión de la Septuaginta en español, 1992). Destacados en negrita del autor.

*⁹Por lo tanto, "**como vivo Yo**"[Nu 14:21; Is 49:18; Je 46:18; Ro 14:11] dice **Yahweh-Elohim Tzevaot, el Elohim de Yisra'el**,"Moav se convertirá como Sedom [Is 11:14; 15:1 -16:14; 25:10; Je 48:1-49:7] y los hijos de Amón como Amora, [Ez 25:1 -26:21; Am 1:13-15; 2:1-3] una tierra cubierta de ortigas y minas de sal, desolada para siempre. [cp 14; Ge 19:24,25] El remanente de mi pueblo los saqueará, [De 29:23; Is 13:19,20; 34:9 -13; Je 49:18; 50:40] el remanente de mis naciones los heredarán."[17] [cp 7 3:13; Jl 3:19,20; Mi 5:7,8] ¹⁰Esto es el castigo por su **soberbia**, [cp 8; Is 16:6; Je 48:29; Abd 1:3; Da 4:37; 5:20-23; 1P 5:5] **por haber ultrajado y haberse jactado a ellos mismos contra Yahweh-Elohim Tzevaot** [Ex 9:17; 10:3; Is 10:12-15; 37:22-29; Ez 38:14-18]"*[62]

Sobre este texto de Sofonías, el Nuevo Comentario Bíblico: Siglo Veintiuno dice:

"Estas naciones, situadas en Transjordania, estaban emparentadas étnicamente con Israel por medio de Lot, el sobrino de Abraham (Gén. 19:36-38), y a menudo estaban en conflicto con Israel. Por ejemplo, se opusieron al paso de los israelitas errantes que trataban de moverse hacia su tierra prometida (Núm. 22-25)…8 Estas dos naciones atacaban verbalmente a Judá, cubriéndola de afrentas e insultos (cf. Eze. 5:15; 16:57). También afrentaron, un término usado en otras parte refiriéndose a jactarse (cf. Eze. 35:13). Todo esto era para desmoralizar a Judá…"[63]

SABIDURÍA 19:13-15

"¹³Mas sobre los pecadores cayeron los castigos, precedidos, como aviso, de la violencia de los rayos. Con toda justicia sufrían por

---

[62]   Ascunce (2003). Destacados en negrita del autor.

[63]   Carson et ál. (1999). Destacados en negrita del autor.

*sus propias maldades, **por haber extremado su odio contra el extranjero**. [14] Otros **no recibieron a unos desconocidos a su llegada, pero éstos redujeron a esclavitud a huéspedes bienhechores**. [15] Además habrá una visita para ellos porque **recibieron hostilmente a los extranjeros**...*"[64]

*"[13] Los otros, los pecadores, habían sido advertidos por violentas tormentas, antes que cayeran sobre ellos los castigos. Fueron castigados con toda justicia por su propia maldad, **porque habían mostrado un odio terrible hacia los extranjeros**. [14] Otros, en otro lugar, **se habían negado a acoger a unos desconocidos**, pero éstos habían reducido a la esclavitud a un pueblo bienhechor que se había instalado en medio de ellos. [15] Aquellos, **que habían recibido con tanto odio a los extranjeros**, tenían que ser castigados.*"[65]

*"[13] los que **habían practicado tan detestable inhospitalidad**. Porque unos **no quisieron recibir a desconocidos que llegaban**, y otros pretendieron esclavizar a los extranjeros, sus bienhechores. [14] Y sobre el castigo entonces recibido tendrán otro al fin **por haber acogido con tan mala voluntad a los extranjeros**. [15] Los egipcios recibieron con festivas manifestaciones a los que fueron partícipes en sus beneficios, mas luego los afligieron imponiéndoles crueles faenas.*"[66]

Como podrá darse cuenta, los textos bíblicos que hacen referencia a Sodoma y Gomorra constante y reiteradamente condenan *la falta de amor y hospitalidad de sus habitantes,*

---

[64] La Santa Biblia (versión "Biblia de Jerusalén", 1976). Destacados en negrita del autor.
[65] Biblia Latinoamericana (1995). Destacados en negrita del autor.
[66] Biblia Nacar-Colunga (1944). Destacados en negrita del autor.

injusticias, orgullo, altanería, el deseo de poder, adoración a ídolos, entre otras. Las Escrituras condenan estas actitudes y conductas independientemente si son cometidas por heterosexuales u homosexuales. Incluso cuando habla sobre la hospitalidad, se instruye a proveerla en el mejor de los casos, sin condiciones ni acepción de personas.

Son obvias las similitudes entre los relatos de Génesis 19 y Jueces 19. Sin duda estos relatos revelan el intento de una violación masiva contra unos forasteros que había quedado bajo el amparo de las *"leyes de hospitalidad"* de aquel entonces. Ahora bien, el mensaje condenatorio que tradicionalmente producen estos textos puede ser transformado a uno de amor incondicional, mensaje que muestra el carácter justo del único y verdadero Dios que cumple sus promesas, que cuida a sus hijos, a su pueblo, lo libra providencialmente del juicio de su ira y los guarda de todo mal.

Dios rescató a Lot y su familia, los puso a salvo del juicio anunciado contra una malvada ciudad. De igual forma Dios protege y guarda a sus hijos como a la niña de sus ojos. La justicia divina realmente escapa a toda comprensión humana y el hombre falla cada vez que intenta comprender la justicia de Dios a la luz de la justicia humana. Ciertamente Sodoma y las ciudades de la Llanura pagaron por su pecado pero este pecado no fue la homosexualidad.

Capítulo IV
Levítico

Es el tercer libro del Antiguo Testamento. Recopila las instrucciones referentes a la adoración del pueblo de Israel. Recojamos algunos datos sobre este libro en el *Nuevo Diccionario Ilustrado de la Biblia* de Nelson, "Los hebreos lo llaman *wa-yiqra* ("y llamó") por su palabra inicial, o a veces *torat-qohanim* ("ley o manual de los sacerdotes") por su contenido. La Septuaginta le dio el nombre "Levítico" porque el sacerdocio se había reservado para Aarón y sus hijos, descendientes de la tribu de Leví. La Vulgata lo denomina *Liber Leviticus*, literalmente "libro de los levitas", es decir, del personal que labora en el templo. Lo curioso es que los levitas se mencionan solo incidentalmente en el libro (25.32ss)."

Continúa diciendo:

"Para la mayoría de los estudiantes de la Biblia, Levítico es un libro difícil de leer. Es una página tras otra de instrucciones detalladas en cuanto a rituales extraños que parecían carecer de organización. Pero si se analiza con cuidado, el libro puede dividirse en dos partes importantes.

La primera parte, que se extiende desde el capítulo 1 al 17, contiene instrucciones sobre el ritual de los sacrificios, incluso el sacrificio de animales u ofrenda encendida, que son ingredientes clave en la adoración del Antiguo Testamento. La segunda parte enfoca lo referente a la consagración de los sacerdotes, y presenta las leyes para caminar con Dios correcta y santamente"[67]

---

[67]   Nelson y Mayo (1998).

Cuando usted comienza a leer este libro, encuentra a los hijos de Israel todavía en el Monte Sinaí y Dios continúa dando sus instrucciones para un servicio ordenado en el tabernáculo. Las leyes y ritos dados a los sacerdotes del pueblo de Israel tenían como fin preservar las características distintivas de su religión y cultura como pueblo escogido por Dios. Esta compilación de leyes y ritos, conocida como el Código de Santidad, hoy día está en desuso.

Es en este libro que encontramos dos versículos muy utilizados para condenar no tan solo a los homosexuales sino a las comunidades cristianas que los acogen. Estos versos son Levítico 18:22 y 20:13. Veamos cómo rezan.

> [22]*No te echarás con varón como con mujer; es abominación* (H8441 *toebá*).[68]

Levítico 18:22

> [13]*Si alguno se ayuntare con varón como con mujer, abominación* (H8441 *toebá*) *hicieron; ambos han de ser muertos; sobre ellos será su sangre.*[69]

Levítico 20:13

El Levítico recoge las leyes y ritos dados a los sacerdotes del pueblo de Israel con el fin de preservar las características distintivas de la religión y cultura del pueblo escogido por Dios. Esta compilación de leyes y ritos, conocida como el Código de Santidad, hoy día está en desuso, *"pero venida la fe ya no estamos bajo el ayo"* (Gl 3:25). ¡Aleluya!

---

[68]   Versión Reina-Valera (1960). Destacados en negrita del autor.
[69]   Ibídem. Destacados en negrita del autor.

Nuevamente recalco la importancia de prestar atención al contexto de los versículos. No se deben tomar versículos bíblicos fuera de su contexto, hacerlo es un pretexto y una irresponsabilidad. Para comprender mejor el texto de Levítico 18:22, vayamos juntos a través del capítulo 18 en su totalidad a continuación.

LEVÍTICO 18

¹ Habló Jehová a Moisés, diciendo: ² Habla a los hijos de Israel, y diles: Yo soy Jehová vuestro Dios. ³ No haréis como hacen en la tierra de Egipto, en la cual morasteis; ni haréis como hacen en la tierra de Canaán, a la cual yo os conduzco, ni andaréis en sus estatutos. ⁴ Mis ordenanzas pondréis por obra, y mis estatutos guardaréis, andando en ellos. Yo Jehová vuestro Dios. ⁵ Por tanto, guardaréis mis estatutos y mis ordenanzas, los cuales haciendo el hombre, vivirá^a en ellos. Yo Jehová. ⁶ Ningún varón se llegue a parienta próxima alguna, para descubrir su desnudez. Yo Jehová. ⁷ La desnudez de tu padre, o la desnudez de tu madre, no descubrirás; tu madre es, no descubrirás su desnudez. ⁸ La desnudez de la mujer de tu padre no descubrirás; es la desnudez de tu padre.^b ⁹ La desnudez de tu hermana, hija de tu padre o hija de tu madre, nacida en casa o nacida fuera, su desnudez no descubrirás.^c ¹⁰ La desnudez de la hija de tu hijo, o de la hija de tu hija, su desnudez no descubrirás, porque es la desnudez tuya. ¹¹ La desnudez de la hija de la mujer de tu padre, engendrada de tu padre, tu hermana es; su desnudez no descubrirás. ¹² La desnudez de la hermana de tu padre no descubrirás; es parienta de tu padre. ¹³ La desnudez de la hermana de tu madre no descubrirás, porque parienta de tu madre es. ¹⁴ La desnudez del hermano de tu padre no descubrirás; no llegarás a su mujer; es mujer del hermano de tu padre.^d ¹⁵ La desnudez de tu nuera no descubrirás; mujer es de tu hijo, no descubrirás su desnudez.^e ¹⁶ La desnudez de la mujer de tu hermano no descubrirás; es la desnudez de tu hermano.^f ¹⁷ La desnudez de la mujer y de su hija no descubrirás; no tomarás la hija de su hijo, ni la hija de

su hija, para descubrir su desnudez; son parientas, es maldad.[g] *[18]No tomarás mujer juntamente con su hermana, para hacerla su rival, descubriendo su desnudez delante de ella en su vida. [19]Y no llegarás a la mujer para descubrir su desnudez mientras esté en su impureza menstrual.[h] [20]Además, no tendrás acto carnal con la mujer de tu prójimo, contaminándote con ella.[i] [21]Y no des hijo tuyo para ofrecerlo por fuego a Moloc; no contamines así el nombre de tu Dios.[j] Yo Jehová. [22]No te echarás con varón como con mujer; es abominación (H8441 toebá).[k] [23]Ni con ningún animal tendrás ayuntamiento amancillándote con él, ni mujer alguna se pondrá delante de animal para ayuntarse con él; es perversión.[l] [24]En ninguna de estas cosas os amancillaréis; pues en todas estas cosas se han corrompido las naciones que yo echo de delante de vosotros, [25]y la tierra fue contaminada; y yo visité su maldad sobre ella, y la tierra vomitó sus moradores. [26]Guardad, pues, vosotros mis estatutos y mis ordenanzas, y no hagáis ninguna de estas abominaciones, ni el natural ni el extranjero que mora entre vosotros [27](porque todas estas abominaciones hicieron los hombres de aquella tierra que fueron antes de vosotros, y la tierra fue contaminada); [28]no sea que la tierra os vomite por haberla contaminado, como vomitó a la nación que la habitó antes de vosotros. [29]Porque cualquiera que hiciere alguna de todas estas abominaciones, las personas que las hicieren serán cortadas de entre su pueblo. [30]Guardad, pues, mi ordenanza, no haciendo las costumbres abominables que practicaron antes de vosotros, y no os contaminéis en ellas. Yo Jehová vuestro Dios."*[70]

En los primeros cinco versículos de este capítulo, Dios previene a su pueblo contra las prácticas idolátricas que encontraría en su travesía recalcándoles, **"[3]No haréis como hacen en la tierra de Egipto, en la cual morasteis; ni haréis como hacen en la tierra de Canaán, a la cual yo os conduzco"**[71], esto

---

[70]   Reina-Valera (1960)) Destacados en negrita del autor.
[71]   Ibídem.

56

para preservarlos de toda contaminación. Por lo que el Señor les dice puede descubrir que estas prácticas no eran ajenas para el pueblo pues ya existían en Egipto. Sin embargo persistía el peligro pues estas continuaban practicándose en Canaán.

En seguida, los versículo 6 al 18 registran una serie de limitaciones sexuales. Sobre estas, el *Nuevo comentario Bíblico: Siglo veintiuno* comenta:

*El tema de las **relaciones sexuales** cubre tanto los actos sexuales casuales como en el matrimonio. **Parientes cercanos** incluye no solo a aquellos a quienes nosotros llamamos parientes de sangre (es decir; un padre o hermano biológico), sino también parientes de sangre de quienes están relacionados por el matrimonio (suegros, cuñados, hijastros, etc.). Por lo tanto, estas prohibiciones son mucho más amplias que una definición estricta de incesto, y están diseñadas para proteger la integridad de la relación dentro de la estructura de la familia extendida que era una característica del sistema social en Israel.*"[72]

Luego en los versículos 19 y 20 encontramos dos prohibiciones adicionales. Una relacionada a la prohibición de las relaciones sexuales durante el periodo menstrual de la mujer. La otra prohibiendo el adulterio. El acto sexual durante el período menstrual de la mujer, "se prohíbe porque la mujer era ritualmente impura, y la relación dejaría al hombre ritualmente inmundo."[73] Recuerde que los levitas tenían a su cargo todas las funciones rituales durante la adoración del pueblo.

Los siguientes tres versículos (ver. 21-23) hacen referencia a las prácticas idolátricas de aquellos pueblos, específicamente al sacrificio de niños durante los ritos al dios Moloc. George Edwards, citando a Carl F. Keil, en su libro *"Gay/Lesbian Liberation: A Biblical Perspective*, dice que estas practicas mencionadas en el verso 23 están "relacionadas al culto Egipcio del Carnero", donde se practicaba el bestialismo.[74]

---

[72]   Carson et ál. (1999).
[73]   Nuevo Comentario Ilustrado de la Biblia (2003).
[74]   Edwards (1984, p. 64). La traducción es nuestra.

Aun Moisés Maimonides, quien es considerado el más grande filósofo judío y quien vivió del 1135-1204, no creía que los pasajes de Levítico tuvieran nada que ver con la homosexualidad normal masculina. En su libro *Guide to the Perplexed* explica que Levítico 18:22 simplemente prohibía la pederastia (corrupción de niños) y que la razón de todas estas leyes fue la de contener el sexo en menosprecio y evitar el placer para que nuestra mente se mantuviera estrictamente en la Ley y en Dios.[75]

La prostitución cúltica masculina fue enormemente popular durante todos los periodos de las escrituras y parece haber sido excesivamente atractiva a muchos del pueblo hebreo, lo que condujo a la demanda que encontramos en Deuteronomio 23:17-18 (la cual estudiaremos en detalle más adelante y también ofreceré más detalles acerca de los cultos que rodeaban al pueblo hebreo).

Es precisamente contra estos ritos paganos que Dios advierte a su pueblo diciéndoles a continuación:

*[24]**En ninguna de estas cosas os amancillaréis;** pues en todas estas cosas se han corrompido **las naciones que yo echo de delante de vosotros,** [25]y la tierra fue contaminada; y yo visité su maldad sobre ella, y la tierra vomitó sus moradores. [26]Guardad, pues, vosotros mis estatutos y mis ordenanzas, **y no hagáis ninguna de estas abominaciones,** ni el natural ni el extranjero que mora entre vosotros [27]**(porque todas estas abominaciones hicieron los hombres de aquella tierra que fueron antes de vosotros, y la tierra fue contaminada);** [28]no sea que la tierra os vomite por haberla contaminado, como vomitó a la nación que la habitó antes de vosotros. [29]Porque cualquiera que hiciere alguna de todas estas abominaciones, las personas que las*

---

[75]   Maimonides (1904, p. 376). "La ley sobre las relaciones sexuales prohibidas busca en todas sus partes inculcar la lección que debemos limitar las relaciones sexuales por completo, mantenerlas contenidas, y solo desearlas rara vez. La prohibición de la pederastia (Lev. XVIII. 22) y las relaciones carnales con las bestias (ibídem 23) es muy clara". Traducción nuestra.

hicieren serán cortadas de entre su pueblo. **³⁰Guardad, pues, mi ordenanza, no haciendo las costumbres abominables que practicaron antes de vosotros,** *y no os* **contaminéis en ellas.** *Yo Jehová vuestro Dios."*[76]

Con relación al término **toebá,** en el capítulo 18 de Levítico Boswell comenta:

La palabra hebrea toevah (הַבְעוֹּתֽ), traducida aquí por "abominación", [29] no significa habitualmente nada intrínsecamente malo, como la violación o el robo (a lo que el Levítico se refiere en otro sitio), sino a algo ritualmente impuro para los judíos, como el comer cerdo o realizar el coito durante el período menstrual, ambas cosas prohibidas en los mismos capítulos. En el Antiguo Testamento se acostumbra designar estos pecados judíos que implican la contaminación étnica o la idolatría con una parte de la frase toevah ha-goyim, esto es, "la inmundicia de los gentiles" (por ejemplo, 2 [4] Reyes, 16: 3). Por ejemplo, en condenaciones de la prostitución del templo que implica la idolatría, se emplea toevah (por ej., 1 [3] Reyes, 14-24), mientras que para prohibiciones de la prostitución en general se utiliza otra palabra: zimah (por ej., Lev., 19: 29). A menudo toevah significa específicamente "ídolo", [30] y su conexión con la idolatría resulta evidente incluso en el contexto de los pasajes relativos a actos homosexuales. El capítulo 18 del Levítico está específicamente pensado para distinguir los judíos de los paganos entre quienes habían vivido, o vivirían, como lo pone de manifiesto la observación inicial: "No seguiréis las usanzas de la tierra de Egipto, donde habéis vivido, ni tomaréis los estilos del país de Canaán, donde yo he de introduciros, ni obraréis conforme a sus leyes (3, KJV). Y la prohibición de actos homosexuales sigue inmediatamente a la prohibición de la sexualidad idólatra (también toevah):[31] "No darás hijo tuyo para consagrarlo a Moloc, ni profanarás el nombre de tu Dios..." (21, KJV)."[77]

---

[76]   Reina-Valera (1960). Destacados en negrita del autor.
[77]   Boswell (1998, p. 101).

La intensión de Dios era prevenir a su pueblo de las prácticas idolátricas que las naciones y tribus circundantes llevaban a cabo mediante los cultos de fertilidad, donde la prostitución cúltica era practicada tanto por hombres como por mujeres.

Bien, a continuación les incluyo dos referencias del capítulo 18 de Levítico para que le sirva de comparación, aunque no en su totalidad, solo algunos versículos selectos para enriquecer su comprensión.

Extracto de la *Biblia Dios Habla Hoy - Biblia de Estudio*:

[1] El Señor se dirigió a Moisés y le dijo:

[2] Di a los israelitas lo siguiente: "Yo soy el Señor su Dios.

[3] No sigan las costumbres de Egipto, país en el cual vivieron. "No sigan las costumbres de Canaán, país al cual voy a llevarlos, ni vivan conforme a sus leyes.

[4] Cumplan mis decretos; pongan en práctica mis leyes; vivan conforme a ellos. Yo soy el Señor su Dios.

[5] Pongan en práctica mis leyes y decretos. El hombre que los cumpla, vivirá. Yo soy el Señor.

[24] No se hagan impuros con ninguna de estas cosas. Con ellas se han hecho impuros los pueblos que yo voy a arrojar de la presencia de ustedes,

[25] y también su país quedó impuro; pero yo les pedí cuentas de su maldad y el país arrojó de sí a sus habitantes.

*[26] Pero ustedes los israelitas, y los extranjeros que viven entre ustedes, pongan en práctica mis leyes y mis decretos, y **no cometan ninguno de estos actos infames**,*

[27] pues todas estas infamias las cometieron los que habitaron el país antes que ustedes, y la tierra quedó impura.

[28]¡Que no los arroje de sí el país por hacerlo impuro, tal como arrojó a la gente que lo habitó antes que ustedes!

[29]El que cometa cualquiera de estas infamias, será eliminado de entre su pueblo.

*[30]Por lo tanto, pongan en práctica mi precepto y **no caigan en las prácticas infames cometidas antes de ustedes**, ni se hagan impuros con ellas. Yo soy el Señor su Dios.[78]*

Extracto de la *Biblia de Jerusalén* (1976):

[1] Habló Yahveh a Moisés, diciendo:

[2] Habla a los israelitas, y diles: Yo soy Yahveh vuestro Dios.

*[3] **No hagáis como se hace en la tierra de Egipto, donde habéis habitado, ni hagáis como se hace en la tierra de Canaán a donde os llevo; no debéis seguir sus costumbres.***

[4]Cumplid mis normas y guardad mis preceptos, caminando según ellos. Yo soy Yahveh, vuestro Dios.

[5]Guardad mis preceptos y mis normas. El hombre que los cumpla, por ellos vivirá. Yo, Yahveh.

*[24]No os hagáis impuros con ninguna de estas acciones, **pues con ellas se han hecho impuras las naciones que yo voy a arrojar ante vosotros.***

---

[78] Dios Habla Hoy. La Biblia de Estudio (1998). Destacados en negrita del autor.

²⁵Se ha hecho impuro el país; por eso he castigado su iniquidad, y el país ha vomitado a sus habitantes.

*²⁶Vosotros, pues, guardad mis preceptos y mis normas, y **nos cometáis ninguna de estas abominaciones, ni los de vuestro pueblo ni los forasteros que residen entre vosotros.***

*²⁷**Porque todas estas abominaciones han cometido los hombres que habitaron el país antes que vosotros**, y por eso el país se ha llenado de impurezas.*

²⁸Y no os vomitará la tierra por vuestras impurezas, del mismo modo que vomitó a las naciones anteriores a vosotros;

²⁹sino que todos los que cometan una de estas abominaciones, ésos serán exterminados de en medio de su pueblo.

*³⁰Guardad, pues, mis observancias; **no practicaréis ninguna de las costumbres abominables que se practicaban antes de vosotros**, ni os hagáis impuros con ellas. Yo, Yahveh, vuestro Dios.*[79]

Para la segunda referencia, realizaré el mismo ejercicio que se efectuó con el capítulo 18. Veamos de cerca qué nos dice el capítulo 20 del libro de Levítico.

LEVÍTICO 20

*¹Habló Jehová a Moisés, diciendo:²Dirás asimismo a los hijos de Israel: Cualquier varón de los hijos de Israel, o de los extranjeros que moran en Israel, **que ofreciere alguno de sus hijos a Moloc**, de seguro morirá; el pueblo de la tierra lo apedreará.³Y yo pondré mi rostro contra el tal varón, y lo cortaré de entre su*

---

[79] La Santa Biblia (versión "Biblia de Jerusalén", 1976). Destacados en negrita del autor.

*pueblo, **por cuanto dio de sus hijos a Moloc**, contaminando mi santuario y profanando mi santo nombre. ⁴Si el pueblo de la tierra cerrare sus ojos respecto de aquel varón que hubiere dado de sus hijos a Moloc, para no matarle, ⁵entonces yo pondré mi rostro contra aquel varón y contra su familia, y le cortaré de entre su pueblo, con todos los que **fornicaron en pos de él prostituyéndose con Moloc**.*

⁶Y la persona que atendiere a encantadores o adivinos, para prostituirse tras de ellos, yo pondré mi rostro contra la tal persona, y la cortaré de entre su pueblo. ⁷Santificaos, pues, y sed santos, porque yo Jehová soy vuestro Dios. ⁸Y guardad mis estatutos, y ponedlos por obra. Yo Jehová que os santifico. ⁹Todo hombre que maldijere a su padre o a su madre, de cierto morirá; a su padre o a su madre maldijo; su sangre será sobre él.

*¹⁰Si un hombre cometiere adulterio con la mujer de su prójimo, el adúltero y la adúltera indefectiblemente serán muertos. ¹¹Cualquiera que yaciere con la mujer de su padre, la desnudez de su padre descubrió; ambos han de ser muertos; su sangre será sobre ellos. ¹²Si alguno durmiere con su nuera, ambos han de morir; cometieron grave perversión; su sangre será sobre ellos. ¹³Si alguno se ayuntare con varón como con mujer, **abominación** (H8441 **toebá**) hicieron; ambos han de ser muertos; sobre ellos será su sangre. ¹⁴El que tomare mujer y a la madre de ella, comete vileza; quemarán con fuego a él y a ellas, para que no haya vileza entre vosotros. ¹⁵Cualquiera que tuviere cópula con bestia, ha de ser muerto, y mataréis a la bestia. ¹⁶Y si una mujer se llegare a algún animal para ayuntarse con él, a la mujer y al animal matarás; morirán indefectiblemente; su sangre será sobre ellos.*

¹⁷Si alguno tomare a su hermana, hija de su padre o hija de su madre, y viere su desnudez, y ella viere la suya, es cosa execrable; por tanto serán muertos a ojos de los hijos de su pueblo; descubrió la desnudez de su hermana; su pecado llevará. ¹⁸Cualquiera que durmiere con mujer menstruosa, y descubriere su desnudez, su fuente descubrió, y ella descubrió la fuente de su sangre; ambos serán cortados de entre su pueblo. ¹⁹La desnudez de la hermana de tu madre, o de la hermana de tu padre, no descubrirás; porque al descubrir la desnudez de su parienta, su iniquidad llevarán. [20] Cualquiera que durmiere con la mujer del hermano de su padre, la desnudez del hermano de su padre descubrió; su pecado llevarán; morirán sin hijos. [21] Y el que tomare la mujer de su hermano, comete inmundicia; la desnudez de su hermano descubrió; sin hijos serán.

[22] *Guardad, pues, todos mis estatutos y todas mis ordenanzas, y ponedlos por obra, no sea que os vomite la tierra en la cual yo os* **introduzco** *para que habitéis en ella.* [23] **Y no andéis en las prácticas de las naciones que yo echaré de delante de vosotros; porque ellos hicieron todas estas cosas**, *y los tuve en abominación.* [24] *Pero a vosotros os he dicho:* **Vosotros poseeréis la tierra de ellos,** *y yo os la daré para que la poseáis por heredad, tierra que fluye leche y miel. Yo Jehová vuestro Dios,* **que os he apartado de los pueblos.** [25] *Por tanto, vosotros haréis diferencia entre animal limpio e inmundo, y entre ave inmunda y limpia; y no contaminéis vuestras personas con los animales, ni con las aves, ni con nada que se arrastra sobre la tierra, los cuales os he apartado por inmundos.* [26] *Habéis, pues, de serme santos, porque yo Jehová soy santo,* **y os he apartado de los pueblos para que seáis míos.**

[27] *Y el hombre o la mujer que evocare espíritus de muertos o se entregare a la adivinación, ha de morir; serán apedreados; su sangre será sobre ellos.*[80]

Básicamente se repite en este capítulo el contenido del capítulo 18 con la diferencia de que aquí se le añaden los castigos específicos de acuerdo a las ofensas cometidas. Dios reitera su advertencia contra los sacrificios a Moloc y otras prácticas paganas practicadas por los cananeos.

---

[80]   Reina-Valera (1960). Destacados en negrita del autor.

Sobre este capítulo, el *Nuevo Comentario Ilustrado de la Biblia* nos comenta:

20.1-27 Castigos específicos para transgresiones específicas. Cada ofensa que se trata en Lv 20 ha sido tocada antes, mayormente en los capítulos 18 y 19. Las leyes de estos dos capítulos son mayormente apodícticas, es decir, son mandamientos absolutos o prohibiciones que establecen leyes en la forma de principios eternos. Las leyes del capítulo 20 son mayormente casuísticas, esto es, presentan las leyes en forma de casos específicos unidos con los castigos específicos. En la mayoría de los casos presentados en este capítulo, la penalidad era la muerte; son ofensas graves. En tres casos, se prescribe el modo de la ejecución; el primero y el último (vv. 2, 27) por apedreamiento, el otro (v. 14) por fuego. **Las ofensas tratadas eran prácticas paganas y relaciones sexuales ilícitas, que se encontraban con frecuencia en las prácticas religiosas de los cananeos.**"[81]

Con relación al capítulo 20 de Levítico Boswell, comenta:

El capítulo 20 comienza con una prohibición de idolatría sexual casi idéntica a esta y, lo mismo que el capítulo 18, su propósito manifiesto (20: 3-4) consiste en elaborar un sistema de "pureza" ritual mediante el cual los judíos se distinguirán de los pueblos vecinos. Aunque ambos capítulos contienen también prohibiciones (por ej., contra el incesto y el adulterio), que parecerían surgir de absolutos morales, su función en el contexto de los capítulos 18 y 20 del Levítico parece ser la de símbolos de distinción judíos. [32] Esta era, por cierto, la interpretación que de ellos dieron los comentaristas judíos posteriores como, por ejemplo, Maimónides. [33] En calidad de imperativos morales, los mismos temas son recogidos en otros sitios del Antiguo Testamento (por ejemplo, en Éx., 20 o en Deut., 4 y 10), sin las preocupaciones rituales que parecen subyacer a estos capítulos.[34][82]

---

[81]   Nuevo Comentario Ilustrado de la Biblia (2003). Destacados en negrita del autor.

[82]   Boswell (1998, p. 101).

A continuación incluyo dos referencias del capítulo 20 de Levítico para que le sirva de comparación y enriquezca su comprensión. Esta vez presento el texto del capítulo en su totalidad pues deseo utilizarlo para otras referencias.

Extracto de la Biblia Dios Habla Hoy - Biblia de Estudio:

"1 El Señor se dirigió a Moisés y le dijo:

*2 Di a los israelitas lo siguiente: Cualquier israelita o extranjero que viva en Israel y **que entregue alguno de sus hijos al dios Moloc**, deberá ser muerto a pedradas por la gente del país.*

*3 yo me pondré en contra de ese hombre y lo eliminaré de entre su pueblo, por haber hecho impuro mi santuario y haber profanado mi santo nombre **al entregar un hijo suyo a Moloc**.*

4 Si la gente del país se desentiende del asunto y no condena a muerte a ese hombre,

*5 yo me pondré en contra de él y de su familia, y lo eliminaré de entre su pueblo junto con **todos los que se corrompieron con él y recurrieron a Moloc**.*

*6 y **si alguien recurre a espíritus y adivinos, y se corrompe por seguirlos**, yo me pondré en contra de esa persona y la eliminaré de entre su pueblo.*

7 Conságrense completamente a mí, y sean santos, pues yo soy el Señor su Dios.

8 Pongan en práctica mis leyes; cúmplanlas. Yo soy el Señor, que los consagra para mí.

*9 A **cualquiera que maldiga a su padre o a su madre, se le condenará a muerte**. Ha maldecido a su padre o a su madre, y será el responsable de su propia muerte.*

*¹⁰ Si **alguien comete adulterio con la mujer de su prójimo, se condenará a muerte tanto al adúltero como a la adúltera.***

¹¹ Si alguien se acuesta con la mujer de su padre, deshonra a su propio padre. Por lo tanto, se condenará a muerte al hombre y a la mujer, y serán responsables de su propia muerte.

¹² Si alguien se acuesta con su nuera, los dos serán condenados a muerte y serán responsables de su propia muerte, pues eso es una infamia.

¹³ Si alguien se acuesta con un hombre como si se acostara con una mujer, se condenará a muerte a los dos y serán responsables de su propia muerte, pues cometieron un acto infame.

¹⁴ "Si alguien toma como esposas a una mujer y a la madre de esa mujer, comete un acto depravado y tanto él como ellas deberán ser quemados vivos. Así no habrá tales depravaciones entre ustedes.

*¹⁵ Si un **hombre se entrega a actos sexuales con un animal, será condenado a muerte. También se deberá matar al animal.***

*¹⁶ Si una **mujer se entrega a actos sexuales con un animal, tanto a la mujer como al animal se les matará.** Ellos serán responsables de su propia muerte.*

²² Pongan en práctica mis leyes y decretos; cúmplanlos todos. Así no los arrojará de sí el país al cual los llevo para que vivan en él.

*²³ **No sigan las prácticas de la gente que voy a arrojar de delante de ustedes; ellos hicieron todas estas cosas, y por eso no pude aguantarlos.***

*²⁴ yo les prometo que ustedes **serán los dueños del país de ellos;** yo mismo les daré posesión de ese país, donde la leche y la miel corren como el agua. Yo soy el Señor su Dios, que los ha distinguido de los demás pueblos.*

25 Por lo tanto, también ustedes deben hacer distinción entre animales puros e impuros, y entre aves puras e impuras. No se hagan despreciables por causa de los animales, aves y reptiles que he señalado como animales impuros.

26 Ustedes deben ser santos para conmigo, porque yo, el Señor, soy santo y los he distinguido de los demás pueblos para que sean míos.

*27 **El hombre o la mujer que estén poseídos por un espíritu, o que practiquen la adivinación, serán muertos a pedradas** y serán responsables de su propia muerte.*[83]

Extracto de la *Biblia de Jerusalén*(1976):

"1 Habló Yahveh a Moisés y dijo:

2 Dirás a los israelitas: Si un hombre cualquiera de entre los israelitas o de los forasteros que residen en Israel entrega uno de sus hijos a Mólek, morirá sin remedio; el pueblo de la tierra lo lapidara.

3 Yo mismo volveré mi rostro contra ese hombre y los exterminaré de en medio de su pueblo, por haber entregado un hijo suyo a Mólek, haciendo impuro mi santuario y profanando mi nombre santo.

4 Si el pueblo de la tierra cierra los ojos ante ese hombre que entregó uno de sus hijos a Mólek, y no le da muerte,

5 yo mismo volveré mi rostro contra ese hombre y contra su familia, y lo exterminaré de entre su pueblo, a él y a todos los que como él se prostituyan tras Mólek.

---

[83]   Dios Habla Hoy. La Biblia de Estudio (1998). Destacados en negrita del autor.

[6]*Si alguien consulta a los nigromantes*[84]*, y a los adivinos, prostituyéndose en pos de ellos, yo volveré mi rostro contra él y lo exterminaré de en medio de su pueblo.*

[7]*Santificaos y sed santos; porque yo soy Yahveh, vuestro Dios.*

[8]*Guardad mis preceptos y cumplidlos. Yo soy Yahveh, el que os santifico.*

[9]*Quien maldiga a su padre o a su madre, será muerto sin remedio, pues ha maldecido a su padre o a su madre; su sangre caerá sobre él.*

[10]*Si un hombre comete adulterio con la mujer de su prójimo, será muerto tanto el adúltero como la adúltera.*

[11]*El que se acueste con la mujer de su padre, ha descubierto la desnudez de su padre; ambos morirán: caerá sobre ellos su sangre.*

[12]*Si un hombre se acuesta con su nuera, ambos morirán; han hecho una infamia: su sangre caerá sobre ellos.*

[13]*Si alguien se acuesta con varón, como se hace con mujer, ambos han cometido abominación: morirán sin remedio; su sangre caerá sobre ellos.*

[14]*Si uno toma por esposas a una mujer y a su madre, es un incesto. Serán quemados tanto él como ellas para que no haya tal incesto en medio de vosotros.*

[15]*El que se una con bestia, morirá sin remedio. Mataréis también la bestia.*

[16]*Si una mujer se acerca a una bestia para unirse a ella, matarás a la mujer y a las bestias. Morirán; caerá sobre ellos su sangre.*

---

[84]   Persona que practica la nigromancia, que es el conjunto de ritos y conjuros con los que se pretende desvelar el futuro invocando a los muertos. Se relaciona también con la magia negra o diabólica.

²²Guardad, pues, todos mis preceptos y todas mis normas, y cumplidlos; así no os vomitará la tierra adonde os llevo para que habitéis en ella.

²³No caminéis según las costumbres de las naciones que yo voy a expulsar ante vosotros; pues, porque han obrado así, yo estoy asqueado de ellas.

²⁴Pero a vosotros os he dicho: "Poseeréis su suelo, el que yo os daré en herencia, tierra que mana leche y miel." Yo soy Yahveh, vuestro Dios, que os ha separado de estos pueblos.

²⁵Habéis de hacer separación entre animales puros e impuros, y entre aves impuras y puras; para que no os hagáis abominables, ni con animales ni con aves, ni con lo que se arrastra por el suelo; porque os he separado todo eso como impuro.

²⁶Sed, pues, santos para mí, porque yo, Yahveh, soy santo, y os he separado de entre los pueblos, para que seáis míos.

²⁷El hombre o la mujer en que haya espíritu de nigromante o adivino, morirá sin remedio: los lapidarán. Caerá su sangre sobre ellos.[85]

Cuando se estudia el libro de Levítico, se debe ponerlo en su justa perspectiva. Imagine qué pasaría si hoy día los cristianos se vieran obligados a someterse a estas leyes o si presionaran a los Gobiernos para que fueran impuestas a sus ciudadanos con el mismo fervor que presionan para que se aprueben leyes discriminatorias contra los homosexuales.

Solamente en el capítulo 20 que acabamos de revisar se pueden encontrar sendas condenas, entre ellas, para aquellos que acuden a consultar a encantadores y adivinos (v. 6). No

---

[85] La Santa Biblia (versión "Biblia de Jerusalén", 1976). Destacados en negrita del autor.

tan solo son culpables y merecedores del desprecio divino los que consultan sino que más adelante se declaran culpables y merecedores de la pena por lapidación a aquellos que evoquen espíritus de muertos o se entreguen a la adivinación (v. 27). ¿Por qué no existen movimientos cristianos organizados pidiendo enmiendas constitucionales para prohibir los establecimientos dedicados a la clarividencia, lecturas de cartas de tarot y la lectura de manos? o ¿por qué no exigen que se retiren de todas las revistas y periódicos nacionales las secciones de astrología y los horóscopos?

El versículo 9 del mismo capítulo dice: *"Todo hombre que maldijere a su padre o a su madre, de cierto morirá"*. Continúa el 10 diciendo: *"Si un hombre cometiere adulterio con la mujer de su prójimo, el adúltero y la adúltera indefectiblemente serán muertos"* entonces, ¿dónde están las iglesias formando uniones o alianzas para que se aprueben leyes que apliquen la pena capital a todos los que maltratan, abandonan y abusan de sus padres y para todos los culpables de adulterio del país?

Levítico 11:9,10 nos dice: *"⁹Esto comeréis de todos los animales que viven en las aguas: todos los que tienen aletas y escamas en las aguas del mar, y en los ríos, estos comeréis. ¹⁰ Pero todos los que no tienen aletas ni escamas en el mar y en los ríos, así de todo lo que se mueve como de toda cosa viviente que está en las aguas, los tendréis en abominación"*.[86] Aquí se condena el comer cosas tales como, ranas, anguilas, moluscos y los mariscos o crustáceos Sin embargo, miles de cristianos se desbordan semanalmente a comer después de los servicios y estoy seguro de que muchos disfrutan de muchas de estas cosas sin pensar un solo segundo en estas prohibiciones. ¿Podría explicarme alguien si esta abominación se encuentra en una escala menor a la de ser homosexual? ¿No son todos

---

[86]   Versión Reina-Valera (1960), Lv 18.1-30. Destacados en negrita del autor.

los pecados iguales ante Dios? ¿Hay pecados menores y pecados mayores? ¿Son algunos más fáciles de perdonar que otros? Si ser homosexual es abominación, entonces, los que comen mariscos ¿son igualmente abominables?

Levítico 15:19-24 nos habla sobre la mujer que esté pasando por su periodo menstrual y ordena que sea apartada por siete días y todo lo que ella toque, donde se acueste o aun sobre lo cual se siente deberá considerarse inmundo, incluso aquellos que la toquen o se sientan en el mismo mueble. Por un lado, ¿qué pensarán las mujeres de hoy sobre esto? Por otro lado, esto crea varios problemas, ¿cómo hemos de saber cuando las mujeres estén pasando por esa situación? No habría forma de saberlo a menos que la misma mujer lo revele. ¿Tendríamos que preguntarle a todas las mujeres que nos rodeen antes de saludarlas o podernos sentar en la silla donde estuvo sentada en los restaurantes o lugares públicos? Peor todavía, ¿cómo podrá saber quién estuvo sentada en cualquier parte antes que usted?

Levítico 19:19 prohíbe sembrar tu campo con mezcla de semillas y utilizar vestidos con mezcla de hilos. Un poco más adelante (v. 28) se prohíben las marcas e impresiones de todo tipo en el cuerpo. ¿Se refiere esto a los tatuajes? El capítulo 21:18-20 declara que nadie puede acercarse al altar de Dios si tiene algún defecto en su vista o está mutilado, con quebradura de pie o rotura de mano, jorobado, enano, que tenga nube en el ojo, que tenga sarna, empeine o testículo magullado. ¿Cuántos pastores, sacerdotes, ministros, diáconos, líderes hombres y mujeres conocemos hoy día con alguno de estos defectos? ¿Qué debemos hacer con ellos?

Levítico 25:44 declara que usted puede, de hecho, poseer esclavos, tanto varones como hembras, con tal de que ellos se compren de las naciones vecinas. ¿Qué pasaría si algún cristiano devoto decidiera comprar un esclavo hoy día y ampararse en la separación constitucional entre Iglesia y Estado?

¿Acaso no le parece todo esto una locura hoy día? Así como estas cosas hay muchísimas más. Si estas leyes tuvieran que aplicarse en la actualidad, habría que aplicarlas todas. ¿Cuál sería el criterio para aplicar unas y dejar sin efecto otras? ¿Quién decidiría esto? ¿Bajo qué autoridad? ¿Qué justificación hay para aplicar la ley que supuestamente aplica a los homosexuales y dejar sin efecto todas las demás? ¿Es esto justo? ¿Justicia de quién? ¿Justicia para quién?

En efecto, he querido tratar estos ejemplos con un poco de sarcasmo, para ilustrar lo que había comentado anteriormente. No es lo que la Biblia dice, sino lo que ella enseña. Y es precisamente ella la que nos enseña que los cristianos no se rigen por estas leyes judías. Por fe vivimos en Jesucristo, no en el Levítico.[87] Esto queda establecido en el libro de Gálatas 3:21-29 al declarar:

[21]*¿Luego la ley es contraria a las promesas de Dios? En ninguna manera; porque si la ley dada pudiera vivificar, la justicia fuera verdaderamente por la ley.* [22]**Mas la Escritura lo encerró todo bajo pecado, para que la promesa que es por la fe en Jesucristo fuese dada a los creyentes.**

[23]*Pero antes que viniese la fe, estábamos confinados bajo la ley, encerrados para aquella fe que iba a ser revelada.* [24]*De manera que la ley ha sido nuestro ayo, para llevarnos a Cristo, a fin de que fuésemos justificados por la fe.* [25]**Pero venida la fe, ya no estamos bajo ayo,** [26]**pues todos sois hijos de Dios por la fe en Cristo Jesús;** [27]**porque todos los que habéis sido bautizados en Cristo, de Cristo estáis revestidos.** [28]**Ya no hay judío ni griego; no hay esclavo ni libre; no hay varón ni mujer; porque todos vosotros sois uno en Cristo Jesús.**

---

[87]   El cristiano no se rige por la Ley de Moisés. Es claro que la ley tuvo su propósito, pero se cumplió con Cristo. Ahora existe un nuevo pacto y es el que rige para todo creyente.

29Y si vosotros sois de Cristo, ciertamente linaje de Abraham sois, y herederos según la promesa.[88]

El mismo texto pero en lenguaje sencillo:

21Esto no significa que la ley esté en contra de las promesas de Dios. ¡De ninguna manera! Porque si la ley pudiera darnos vida eterna, entonces Dios nos hubiera aceptado por obedecerla. 22La *Biblia dice que el *pecado nos domina a todos, de modo que el regalo que Dios prometió es para los que confían en Jesucristo. 23Antes de eso, la ley fue como una cárcel, donde estuvimos encerrados hasta que vimos que podíamos confiar en *Cristo. 24La ley nos guió y llevó hasta Cristo, para que Dios nos aceptara por confiar en él. Fue como el esclavo que cuida al niño hasta que este llega a ser adulto. 25Pero ahora que ha llegado el tiempo en que podemos confiar en Jesucristo, no hace falta que la ley nos guíe y nos enseñe.

26Ustedes han confiado en Jesucristo, y por eso todos ustedes son hijos de Dios. 27Porque cuando fueron *bautizados, también quedaron unidos a Cristo, y ahora actúan como él. 28Así que no importa si son judíos o no lo son, si son esclavos o libres, o si son hombres o mujeres. Si están unidos a Jesucristo, todos son iguales. 29Y si están unidos a Cristo, entonces son miembros de la gran familia de Abraham y tienen derecho a recibir las promesas que Dios le hizo.[89]

Discriminar selectivamente contra los homosexuales utilizando los textos que aparecen en Levítico sin aplicar todas las demás ordenanzas por igual es un acto de franca hipocre-

---

[88]   Versión Reina-Valera (1960). Destacados en negrita del autor.
[89]   Biblia en lenguaje sencillo (2000). Destacados en negrita del autor.

sía e ignorancia fundamental de los valores del reino de los cielos. Esta clase de discriminación debe rechazarse de plano. En demasía se escuchan toda clase de "autoridades" religiosas menospreciando la labor que intentan realizar las comunidades cristianas homosexuales con toda clase de insinuaciones, ataques verbales y acusaciones infundadas. Se llenan la boca hablando de moral y lo que ellos entienden debe ser la conducta correcta para todo "buen cristiano", imponiendo cargas pesadas y tan difíciles de llevar que ellos mismos ni con un dedo desean mover. Todo parece indicar que hacen estas cosas para dejar una buena impresión pública ostentando de sus posiciones y autoridad.

Estas actitudes siguen repitiéndose en todas las épocas, sin embargo pasamos por alto o ignoramos que Jesús ya había enfrentado valientemente a las autoridades religiosas de su época y sin importar la cantidad de enemigos que sus palabras pudieran levantar arremetió contra ellos denunciándoles:

13¡Ay de ustedes, maestros de la ley y fariseos, hipócritas!, que cierran la puerta del reino de los cielos para que otros no entren. Y ni ustedes mismos entran, ni dejan entrar a los que quieren hacerlo. [7]([90]) 15¡Ay de ustedes, maestros de la ley y fariseos, hipócritas!, que recorren tierra y mar para ganar un adepto, y cuando lo han logrado, hacen de él una persona dos veces más merecedora del infierno que ustedes mismos.[91]

Más adelante continua diciendo:

*23¡Ay de ustedes, maestros de la ley y fariseos, hipócritas!, **que separan para Dios la décima parte de la menta, del anís y del comino,** [12] **pero no hacen caso de las enseñanzas más importantes de la ley, que son la justicia, la misericordia y la fidelidad.** Esto es lo que deben hacer, sin dejar de hacer lo otro. [13] 24¡Ustedes, guías ciegos, cuelan el mosquito, pero se tragan el*

---

[90]   En esta versión de la Biblia se omite el versículo 14.

[91]   La Santa Biblia Dios Habla Hoy (1996), Mt 23:13-15. Destacados en negrita del autor.

camello! ^{25}*¡Ay de ustedes, maestros de la ley y fariseos, hipócritas!, que limpian por fuera el vaso y el plato,* $^{[14]}$ *pero no les importa llenarlos con el robo y la avaricia.* ^{26}*¡Fariseo ciego: primero limpia por dentro el vaso, y así quedará limpio también por fuera!* ^{27}*¡Ay de ustedes, maestros de la ley y fariseos, hipócritas!*, **que son como sepulcros blanqueados, bien arreglados por fuera, pero llenos por dentro de huesos de muertos y de toda clase de impureza.** ^{28}*Así son ustedes: por fuera aparentan ser gente honrada, pero por dentro están llenos de hipocresía y de maldad.*[92]

Las comunidades cristianas homosexuales no intentan hacer otra cosa que proclamar las buenas nuevas de salvación dentro de su misma comunidad. Ellos entienden y proclaman que el mensaje de salvación es para toda la humanidad, sin embargo, sienten un llamado especial por alcanzar a aquellos discriminados por las distintas instituciones religiosas que los rechazan.

En otra ocasión el discípulo Juan fue donde Jesús, muy orgulloso él, y le dijo: "Maestro, hemos visto a uno que en tu nombre echaba fuera demonios, pero él no nos sigue; y se lo prohibimos, porque no nos seguía".[93] Pensaba, tal vez, que había hecho algo bueno, pues esta persona no andaba con ellos. A lo que Jesús de inmediato respondió: **"No se lo prohibáis"**[94], y le da tres razones para no hacerlo; primero, **"porque ninguno hay que haga milagro en mi nombre, que luego pueda decir mal de mí"**,[95] segundo, **"porque el que no es contra nosotros, por nosotros es"**,[96] tercero, **"cualquiera que os diere un vaso de agua en mi nombre, porque sois de Cristo, de cierto os digo que no perderá su recompensa"**.[97]

---

[92]   La Santa Biblia Dios Habla Hoy (1996), Mt 23:23-28. Destacados en negrita del autor.

[93]   Versión Reina-Valera (1960), Mc 9.38.

[94]   Ibídem, Mr 9.39a.

[95]   Ibídem, Mr 9.39b.

[96]   Ibídem, Mr 9.40.

[97]   Ibídem, Mr 9.41.

Sobre este incidente comenta la *Biblia del Diario Vivir* lo siguiente:

Más preocupados por la posición en su grupo que por liberar a los atormentados por los demonios, los discípulos sintieron celos de un hombre que sanaba en el nombre de Jesús. Hoy en día, muchas veces hacemos lo mismo al no participar en causas dignas porque: (1) no son miembros de nuestra denominación, (2) no se relacionan con la clase de gente con la que nos sentiríamos bien, (3) no hacen las cosas como nosotros las haríamos, (4) nuestros esfuerzos no reciben suficiente reconocimiento. La buena teología es importante, pero eso nunca será excusa para evitar ayudar a los que padecen necesidad.[98]

El *Comentario Bíblico del Continente Nuevo* declara:

Juan demuestra aquí un espíritu sectario y de intransigencia impropio de un hijo de Dios. Había encontrado a un hombre echando fuera demonios en el nombre de Jesús, y se lo había prohibido porque no se identificaba con ellos. No era que estuviera enseñando falsa doctrina o viviendo en pecado, sino que simplemente no estaba asociado con ellos. Debemos reconocer que así como hay diversidad de dones (1 Co. 12:4-18), el Señor tiene diversidad de siervos a su servicio. Asimismo, Jesús quiere descartar cualquier tendencia a estimar excesivamente la importancia de nuestro grupo particular, y a subestimar a los otros.[99]

El *Comentario Exegético y Explicativo de la Biblia* lo ilustra así:

Dos principios de inmensa importancia son asentados aquí: "Primero, ninguno hablará mal de mí, si tiene la fe necesaria para hacer un milagro en mi nombre; y segundo, si no se puede suponer que tal persona sea contra mí, tendréis que considerarla a favor de mí". Obsérvese con cuidado que nuestro Señor no dice que aquel hombre no debía seguirlo, ni que sea igual que le siga o que no le siga, sino simplemente enseña cómo debía ser consi-

---

[98] Biblia del Diario Vivir (1996), Mc 9.38.

[99] Morris (1992).

derada tal persona aunque no fuera un seguidor de él; es decir, como reverenciador de su nombre o promotor de su causa.[100]

Finalmente, el *Nuevo Comentario Bíblico: Siglo Veintiuno* sentencia:

Nadie tiene un monopolio sobre la obra del reino. Debemos aceptar el éxito de otros con humildad y regocijarnos en él, como lo hizo Pablo (Fil 1:18). Ninguna obra hecha para Cristo quedará sin recompensa, no importa quien la haga.[101]

Permita nuestro Señor y Salvador que estas declaraciones sean escuchadas por el pueblo para las cuales fueron escritas.

---

[100]   Jamieson, Fausset y Brown (2002).
[101]   Carson et ál. (1999), Mc 9.50.

Capítulo V
Deuteronomio

Con relación a este libro, el *Nuevo Diccionario Ilustrado de la Biblia* nos dice:

*Libro del Antiguo Testamento que comúnmente se identifica como el discurso de despedida de Moisés antes de morir. El título del libro viene de **deuteronomion** (que quiere decir "segunda ley" o "repetición de la ley"), palabra griega con la que la Septuaginta tradujo Deuteronomio 17.8. El texto hebreo no dice "repetición", sino copia, como se traduce en Reina-Valera (revisión de 1960). En hebreo el título se compone de las primeras palabras del libro: Ele Jadvarim ("estas son las palabras").*

Según el libro mismo, Deuteronomio tuvo su origen en la enseñanza de → Moisés. Después de una breve presentación de Moisés como el que habla, el libro presenta una serie de cálidos discursos y alocuciones de Moisés ante el pueblo. Con breves interrupciones, estos discursos continúan hasta el capítulo 31. El capítulo 32 registra el Cántico de Moisés y el capítulo 33 es la Bendición de Moisés. El último capítulo habla de la muerte de Moisés y el nombramiento de Josué como nuevo jefe del pueblo.[102]

En este libro se encuentra otro de los pasajes que se utilizan para condenar y atacar a los homosexuales, en el capítulo 23 versos 17 y 18. Veámoslo.

---

[102]   Nelson y Mayo (1998).

79

Deuteronomio 23:17-18

> *¹⁷No haya **ramera** (H6948 **quedeshá**) de entre las hijas de Israel,
> ni haya **sodomita** (H6945 **cadésh**) de entre los hijos de Israel. ¹⁸No
> traerás la paga de una **ramera** (H2181 **zaná**) ni el precio de un
> **perro** (H3611 **kéleb**) a la casa de Jehová tu Dios por ningún voto;
> porque abominación es a Jehová tu Dios tanto lo uno como lo otro.*[103]

La idolatría comúnmente practicada por el pueblo cananeo
comprometió a menudo la lealtad de Israel hacia su Dios. En
muchas ocasiones, los israelitas fueron arrastrados, seducidos
por los ídolos paganos. Era precisamente a estos ritos y a la prostitución practicada en ellos que estaba dirigida esta condena.

Hay dos palabras muy parecidas en el hebreo que se utilizan para designar a las personas que se prostituían en los
cultos paganos, **quedeshá** (H6948) y **cadésh** (H6945), para
las mujeres y los hombres respectivamente. Estas han sido mal
traducidas como "ramera" y "sodomita" en algunas versiones
de la Biblia, por ejemplo, en la Antigua Versión de Casiodoro
de Reina de 1569, revisada por Cipriano de Valera en 1602 y
anotada por el rev. C.I. Scofield, muy popular entre las iglesias
y también en la versión *Reina-Valera* revisada de 1960.

Note además que en la versión *Reina-Valera* (1960) se utiliza el
término "ramera" para dos palabras distintas. Esto obviamente
no es posible detectarlo cuando se lee en español, pero al consultar los textos en su idioma original las diferencias salen a la luz.
En el versículo 17 se usa la palabra *"ramera"* para (H6948) **quedeshá,** término usado para la *"prostituta sagrada"*, y en el versículo 18 nuevamente se usa la palabra *"ramera"* para (H2181)
zaná, término usado para la "prostituta común". La palabra
"sodomita" para (H6945) **cadésh,** utilizado para el "prostituto

---

[103]   Versión Reina-Valera (1960). Destacados en negrita del autor.

sagrado" en el versículo 17, es igualado con la palabra (H3611) *kéleb,* usado para "perro" en el versículo 18. Aunque este pareo no sea muy aparente en esta versión de la *Reina-Valera,* se hace más aparente en las versiones referidas adelante.

Este mismo pasaje en la *Biblia Dios Habla Hoy,* otra versión muy popular, identifica claramente a las **quedeshá** (H6948) y a los **cadésh** (H6945) como lo que realmente son, hombres y mujeres dedicados a la práctica de la prostitución cúltica. Vea como lee:

> [17]*Ningún hombre ni ninguna mujer israelita deberá consagrarse a la prostitución practicada en cultos paganos.* [18]*No permitan ustedes que en el templo del señor su Dios se pague una promesa con el dinero ganado en ese tipo de prostitución, porque esa práctica le repugna al Señor.*[104]

En la *Biblia de Jerusalén* , el texto lee:

> [17]*No habrá* **hieródula** *entre las israelitas, ni* **hieródulo** *entre los israelitas.* [18]*No llevarás a la casa de Yahveh tu Dios* **don de prostituta ni salario de perro**, *sea cual fuere el voto que hayas hecho: porque ambos son abominación para Yahveh tu Dios.*[105]

Vea estos otros ejemplos:

> [17]*Que no haya* **prostituta** *de entre las hijas de Israel, ni* **prostituto** *de entre los hijos de Israel.* [18]*No lleves a la casa de Yahvé ni la*

---

[104]   La Santa Biblia Dios Habla Hoy (1996). Destacados en negrita del autor.

[105]   La Santa Biblia (versión "Biblia de Jerusalén", 1976). Destacados en negrita del autor.

*merced de una **ramera** ni el precio de un **perro** para cumplir un voto, que lo uno y lo otro es abominación para Yahvé, tu Dios.*[106]

*[17]No habrá **prostituta sagrada** entre las hijas de Israel, ni **prostituto sagrado** entre los hijos de Israel. [18]No traerás a la casa de Jehovah tu Dios, por ningún voto, el **salario de una prostituta** ni el **salario de un prostituto**, porque ambos son una abominación a Jehovah tu Dios.*[107]

*"[17]No ha de haber **prostituta** de entre las hijas de Israel; ni habrá **sodomita** de entre los hijos de Israel. [18]No traerás la **paga de ramera, ni el precio de tal perro**, a la Casa de Jehová tu Dios, por ningún voto; porque una y otro son abominación a Jehová tu Dios.*[108]

*[17]No habrá **hieródula** entre las israelitas, ni **hieródulo** entre los israelitas. [18]No llevarás a la casa de Adonai tu Di-s **don de prostituta ni salario de perro**, sea cual fuere el voto que hayas hecho: porque ambos son abominación para Adonai tu Di-s.*[109]

Cuando las comunidades cristianas homosexuales proclaman que estas palabras están mal traducidas no lo hacen por capricho. Al leer las distintas traducciones de la Biblia usted mismo puede darse cuenta de que existen términos lingüísticos más apropiados para definir lo que el texto bíblico quiere

---

[106] Biblia Nacar-Colunga (1944). Destacados en negrita del autor.
[107] Versión Reina-Valera (1989). Destacados en negrita del autor.
[108] Versión Moderna (1929). Destacados en negrita del autor.
[109] La Toráh - El Pentateuco. Destacados en negrita del autor.

decir y sin embargo algunos teólogos no las han querido utilizar. ¿Acaso no es razonable pensar que estos teólogos hayan estado influenciados por prejuicios culturales? Estos términos son **"hieródulo"** e **"hieródula"**. Si busca el significado de estas en el *Diccionario de la Lengua Española* por la Real Academia Española (1970), encontrará que dicha palabra proviene de dos palabras griegas que se traducen "sagrado" y "esclavo", que significan "esclavo o Esclava dedicada(o) al servicio de una divinidad, en la antigua Grecia". Aparte, se utilizan también otros vocablos para describir los actos denunciados como "consagrarse a la prostitución practicada en cultos paganos", "prostituta sagrada" y "prostituto sagrado".

Cuando analizaba el texto del capítulo 18 de Levítico, les había prometido dar más detalles sobre los cultos paganos que rodeaban al pueblo hebreo para el tiempo en que fueron escritos estos textos. Quise esperar el momento en que alcanzáramos al libro de Deuteronomio porque aquí aparece la palabra **"perro"** (*kéleb* H3611).

Señala Horner que "en el Antiguo Testamento, la palabra 'perro' en seis ocasiones equivale a un insulto… y en ninguna parte en los libros del Antiguo Testamento los perros son animales de compañía (excepto en el apócrifo y deuterocanónico libro de Tobías)".[110] Añade además que "solo un hombre rico como Job podría tener un perro de trabajo o dos con sus rebaños. Pero la mayoría de los perros eran salvajes, corriendo en manada, y eran despreciados. También fueron –y son– sexualmente promiscuos".[111]

Horner cita a Marvin H. Pope informando que "el término 'perro' se aplicó a funcionarios del culto en un templo de la diosa madre en Chipre", y a Beatrice A. Brooks indicando que este término fue utilizado por los sacerdotes-eunucos en

---

[110]   Horner (1978, p. 59). La traducción es nuestra.
[111]   Ibídem, p. 59. La traducción es nuestra.

otros cultos de la fertilidad, tales como el babilónico. Continúa: "Robert Graves describe para nosotros con más detalle una clase especial de hombres al que él llamó 'dog-priests' (perro-sacerdotes) o 'enariae', quienes servían a la Gran Diosa del Mediterráneo Oriental y se entregaban a un frenesí sodomítico en los días del perro correspondientes al creciente de la estrella del perro".[112]

Las prácticas cananeas asociaban la sexualidad con los ritos religiosos como un medio mágico para conseguir el favor de los dioses, asegurar la fertilidad de sus mujeres y obtener cosechas abundantes. Según G. Rattray Taylor (en el libro de Horner) esto tiene que ver con lo que el denomina "el punto de vista sacramental del sexo, en donde el acto sexual en sí se ve como poseedor de propiedades mágicas". Taylor explica este principio como sigue: "En esencia, el principio detrás de la magia es el de la acción compatible o semejante: a fin de que aumente el viento, uno silbaba, con el fin de hacer crecer el maíz, uno saltaba en el aire, con el fin de matar a un enemigo, uno enterraba alfileres en su efigie". Así que para asegurar el renacimiento de los cultivos el adorador "plantaba o sembraba" su semilla en los representantes de la diosa Madre, sus sacerdotes y sacerdotisas. Esta deidad era conocida por varios nombres "como Aruru en la antigua Sumeria, Istar en Babilonia, Astarte (y Atargatis) en Siria-Palestina, Bendis en Tracia, Afrodita en Chipre y Corinto, Ma en Capadocia, e Isis en Egipto. Tal vez el título que mejor la describe es por el que sus devotos frigios le dieron a su diosa Cibeles: Magna Mater, o la Gran Madre".[113]

David Greenberg, en *The Construction of Homosexuality*, encontró pruebas adicionales a esto en antiguas culturas cercanas, entre ellas, "una inscripción fenicia de cuatro siglos

---

[112]   Ibídem, p. 60. La traducción es nuestra.
[113]   Ibídem, p. 61. La traducción es nuestra.

antes de Cristo encontrada en Chipre [se refiere a los funcionarios que tenían participación en el servicio sagrado a Astarte] identifica al *Kelev* (perro) como un funcionario religioso. El Sumero-grama (dibujo-palabra), para *assinu*, o sea, el hombre que practicaba la prostitución cúltica, unía los símbolos del perro con el de la mujer. Se denominan sumerios, a una raza relacionada con los babilonios y los caldeos".

Greenberg señala textos hititas, babilónicos y asirios haciendo referencia a estos prostitutos masculinos. Estos señalan a los *assinu* y a los *kurgarru* como "funcionarios religiosos particularmente asociados con la diosa Ishtar, quienes danzaban, tocaban instrumentos musicales, usaban máscaras y eran considerados afeminados... se creía que estos funcionarios tenían poderes mágicos... si un hombre tocaba la cabeza de un *assinu*, él conquistaría a su enemigo... si un hombre tenía relaciones sexuales con un *assinu*, los problemas le dejarían".[114]

Nos sigue diciendo Greenberg que "los sacerdotes sumerios tenían títulos que traducidos literalmente significaban *"matriz"*, *"pene-ano"* y *"ano-matriz"*... las sacerdotisas sumerias eran llamadas *assinutum*... textos cuneiformes babilónicos y asirios afirman que el sumo sacerdote permitiría la penetración anal con tal de evitar la preñez, y sellos encontrados en el templo de Astarte en Babilonia, ahora en el museo Británico (pero no expuestos), muestran las relaciones sexuales, en muchos casos anal".[115]

Existen referencias en el Antiguo Testamento que dan testimonio de estas prácticas idolátricas. En el libro de Oseas 4:14, encontramos al profeta lamentando el hecho de que Israel sucumbía bajo el encanto de las prostitutas sagradas. Veamos el texto:

---

[114] Greenberg (1988), La traducción es nuestra.
[115] Ibídem, p. 97.

*[14]No visitaré yo a vuestras hijas porque se prostituyan ni a vuestras nueras porque cometan adulterio, pues que ellos también se retiran con esas **prostitutas** (H2181 **zaná**) y sacrifican con **las consagradas a la prostitución** (H6948 **quedeshá**); ¡y el pueblo, insensato, se pierde!*[116]

Note la clara alusión del texto a la prostituta común, (H2181) **zaná,** como a la prostituta sagrada, (H6948) **quedeshá**. Incluyo otras versiones del mismo texto a continuación para que compare sus traducciones:

*[14]Pero yo no castigaré a sus hijas por su prostitución ni a sus nueras por sus adulterios, porque ustedes mismos se van con **prostitutas**; para ofrecer sacrificios, se juntan **con mujeres que practican la prostitución como un culto**. ¡Y así se hunde un pueblo falto de inteligencia!*[117]

*[14]No castigaré a vuestras hijas cuando se prostituyan ni a vuestras nueras cuando cometan adulterio, porque los hombres mismos se retiran con **rameras** y ofrecen sacrificios con **las rameras del culto pagano**; así se pierde el pueblo sin entendimiento.*[118]

[14]Y no castigaré las fornicaciones de vuestras hijas ni los adulterios de vuestras nueras, porque ellos mismos se van aparte

---

[116]   La Santa Biblia (versión "Biblia de Jerusalén", 1976). Destacados en negrita del autor.
[117]   Dios Habla Hoy. La Biblia de Estudio (1998). Destacados en negrita del autor.
[118]   Lockman Foundation (1986).

*con **rameras** y con las **hieródulas** ofrecen sacrificios, y el pueblo, por no entender, perecerá.*[119]

*[14]No castigaré a vuestras hijas cuando se prostituyan, ni a vuestras nueras cuando cometan adulterio. Porque los hombres se apartan con las **prostitutas** y ofrecen sacrificios con las **prostitutas sagradas**. Por tanto, el pueblo sin entendimiento se arruina.*[120]

Yo no castigaré a tus hijas cuando actúen como rameras,[cp 17; Is 1:5; He 12:8] *ni a tus nueras cuando cometan adulterio; porque los mismos hombres se van con **rameras***[1C 6:16] *y sacrifican con **prostitutas**.*[1r 14:23-24; 15:12; 2R 23:7] *Sí, un pueblo sin entendimiento caerá en la ruina.*[cp 1,5,6; 14:9; Pr 28:5; Is 44:18-20; 56:11; Da 12:10; Jn 8:43; Ro 3:11; Ef 4:18]121

Fíjese que en esta última referencia extraída de la *Traducción Kadosh Israelita Mesiánica de Estudio*, aunque traducen la palabra (H6948) **quedeshá** como "prostitutas", todas las referencias que acompañan el término (1R 14:23-24; 15:12; 2R 23:7) donde se habla del tema se relacionan a la idolatría, y el vocablo utilizado en todos esos ejemplos es (H6945) **cadésh** para el "prostituto sagrado". De hecho, en el Antiguo Testamento solo Deuteronomio 23: 17,18, Oseas 4: 14 y Génesis 38: 21,22 hacen referencia a la prostituta (fémina) sagrada, todas las demás referencias son hacia el prostituto (masculino) sagrado. La referencia de Génesis 38 se encuentra dentro de la historia del patriarca Judá, quien tuviera relaciones sexuales con su nuera Tamar, confundiéndola con una (H6948) **que-**

---

119   Biblia Nacar-Colunga (1944). Destacados en negrita del autor.
120   Reina-Valera (1989). Destacados en negrita del autor.
121   Ascunce (2003). Destacados en negrita del autor.

deshá o una prostituta sagrada junto al camino. A continuación, el texto donde aparece el vocablo:

> [21] *Preguntó a los del lugar: "¿Dónde está la* **ramera** *(H6948* **quedeshá***) aquella que había en Enáyim, a la vera del camino?" - "Ahí no ha habido ninguna* **ramera** *(H6948* **quedeshá***)" - dijeron.* [22] *Entonces él se volvió donde Judá y dijo: "No la he encontrado; y los mismos lugareños me han dicho que allí no ha habido ninguna* **ramera** *(H6948* **quedeshá***).* [122]

Nunca faltarán aquellos que se opongan a las informaciones aquí ofrecidas diciendo que se trata de teologías o ideas concebidas por teólogos o estudiosos homosexuales. Insistirán en hablarles a sus seguidores tratando de convencerlos de que son ideas erróneas o conceptos liberales, sin embargo incluyo aquí (como lo he estado haciendo) datos ofrecidos por fuentes tradicionales de estudios teológicos. Veamos qué tienen que decir algunas de estas fuentes tradicionales sobre el tema.

El *Nuevo Comentario Ilustrado de la Biblia,* en relación con el texto de Génesis 38:21 informa:

38.21 ramera*: Término que traduce una palabra hebrea que literalmente significa* **"mujer santa"** *y tiene relación con las* **prostitutas sagradas o de culto, o sea, las que practicaban su oficio como parte de las religiones paganas de la zona.** *El término hebreo para* **"mujer santa"** *es qedeshâ y su significado básico es "ser santa" (Heb. qadash). No significa "pureza" como muchos creen, sino que significa "separación", "ser distintivo", "estar apartado" para propósitos de adoración.* [123]

---

[122]   La Santa Biblia (versión "Biblia de Jerusalén", 1976), Gn 38: 21,22.Destacados en negrita del autor.

[123]   Nuevo Comentario Ilustrado de la Biblia (2003). Destacados en negrita del autor.

Y la *Biblia Plenitud* confirma en su comentario del versículo 15: "**38.15 ramera** designa aquí a una *prostituta del culto*. Esto demuestra la depravación tanto de Judá como del mundo que le rodeaba; no fue solo un acto de fornicación, *sino de idolatría*".[124]

Sobre el texto de Oseas 4:14, el *Nuevo Comentario Bíblico: Siglo Veintiuno* indica:

Dios continúa con una descripción de la necedad de ellos: se exceden en la bebida (11) y pierden el sentido; buscan dirección de objetos de madera (12). Son descarriados por un entusiasmo desenfrenado por la adoración pagana, y se dedican al sacrificio y a ofrendas (holocaustos) en los lugares altos, altares que no eran autorizados por la ley y en los que se desarrollaba todo tipo de corrupción. Sacrificarán en cualquier parte, debajo de cualquier árbol disponible, con tal de que su sombra sea buena (13a)...

Consecuentemente, las hijas de los que se dedican a esas cosas van por el mismo camino. La prostitución física o sexo promiscuo y el adulterio son enfocados aquí. Las mujeres son inocentes (14) cuando son comparadas con los hombres, que debían haber puesto el ejemplo a sus hijas, pero en vez de eso, van con prostitutas, tanto las seculares como también las sagradas. En la religión cananea se pensaba que la prostitución sagrada era un medio de asegurar la fertilidad de la tierra. Es probable que la idea de "magia imitativa" esté detrás de la práctica: la relación sexual con una "prostituta sagrada" producía alguna acción similar entre los dioses de la naturaleza, y resultaba en que la tierra produjera fruto.[125]

El *Nuevo Comentario Ilustrado de la Biblia* aporta lo siguiente:
4.11-14 Aparentemente se usaba el vino en el culto a Baal, así como adivinaciones, sacrificios y rituales sexuales. El leño se refiere

---

[124]   Biblia plenitud (1994) Gn 38.15.
[125]   Carson et ál. (1999), Os 4:10-14. Destacados en negrita del autor.

*a las **imágenes de madera** que los adoradores de Baal consultaban como guía. La religión en Canaán se practicó en un sinnúmeros de pequeños santuarios situados en las cimas de las colinas y en sembradíos de árboles. Las imágenes consistían en columnas de piedras y postes de madera. **Hijas ... nueras**: Muchas mujeres jóvenes de Israel habían participado en los ritos sexuales del culto a Baal, pero **los hombres** eran igualmente culpables.*[126]

La *Biblia de Estudio–LBLA* reconoce en su comentario sobre Oseas 4:14: "Las **rameras del culto pagano**. Sacerdotisas que tomaban parte en los ritos sexuales del culto a la fertilidad".[127] La *Biblia del Diario Vivir* comenta:

Los principales dioses cananeos, Baal y Astoret, representaban el poder de la fertilidad y la reproducción sexual. No es de sorprenderse que en su adoración incluyeran prácticas sexuales viles. Los adoradores varones tenían relaciones sexuales con las prostitutas del templo, o sacerdotisas, y las mujeres que querían tener hijos tenían relaciones sexuales con los sacerdotes. Pero Dios les dijo que sus esfuerzos por aumentar la fertilidad eran en vano.[128]

El *Comentario Bíblico Mundo Hispano* explica: "Según una tradición judía muy antigua y algunas versiones antiguas... los sacerdotes dejaron su gloria (el Señor) para adorar "ignominia" (Baal, ídolos)... Dios responde a los cultos de fertilidad con una maldición de futilidad (v. 10). Estos sacerdotes no hallarán ni comida ni fertilidad. Dios declara la razón: "Porque dejaron al Señor para practicar fornicación" (v. 10d; trad. del autor)". Continúa más adelante diciendo: "Oseas responsabiliza a los hombres por esa desintegración, aun la infidelidad de sus hijas y nueras. **Los hombres... son responsables porque practican la infidelidad espiritual y sexual en los cultos de fecundidad** (v. 14c)".[129]

---

[126] Nuevo Comentario Ilustrado de la Biblia (2003).
[127] Hernández y Lockman Foundation (2003).
[128] Biblia del Diario Vivir (1996), Os 4.10.
[129] Bryan y colaboradores (2003). Destacados en negrita del autor.

En el *Comentario Exegético y Explicativo de la Biblia* encontramos lo siguiente:

14. No visitaré sobre vuestras hijas. *Visitaré con los castigos más pesados "no" a las impúdicas "hijas y desposadas", sino a los padres y maridos, porque estos son los que han dado el mal ejemplo, de modo que el castigo de aquellas en comparación con el de estos parecerá como nada. (Munster.)* **ofrecen con las rameras**–*Más bien: "se apartan" con ellas, a algún recinto de impureza para actos de carnalidad.* **Con las malas mujeres sacrifican**–*eso es, con las prostitutas. Pecan con mujeres que consagran sus cuerpos para ser violados en honor de Astarte (que así significa el hebreo por "prostitutas" en distinción con "rameras"). Véase Números 25:1-3; y la prohibición, Deuteronomio 23:18.* **Sin entendimiento**–*(Isaías 44:18; 45:20).*[130]

Y los *Estudios Bíblicos ELA* establecen:

En esta sección se presenta la acusación principal de Dios: **Israel estaba entregado a la idolatría y, en consecuencia, había abandonado a su Señor** *(v. 12). El uso repetido de la palabra fornicación acentúa la gravedad del pecado de la nación.* **Israel practicaba los ritos de fertilidad de los pueblos cananeos,** *los cuales consistían en tener relaciones sexuales bajo la sombra de ciertos árboles, a la vez que se invocaba el favor de algún dios, ayuda que se suponía debía promover la fecundidad y prosperidad de los que observaban esos ritos idólatras (v. 13)...*

Todo esto se rodeaba de una gran actividad religiosa en Gilgal y en Bet-avén, "casa de maldad", en lugar de Bet-el, "casa de Dios" (v. 15). Todos eran culpables, líderes y pueblo, puesto que habían tocado el fondo de su maldad (5:1-2)... Israel buscaba ayuda en Asiria (v. 13), que de nada le iba a servir. **Esta relación con países extranjeros** *fue uno de los pecados que Oseas fustigó más y elevó al nivel de traición a la relación*

---

[130]   Jamieson, Fausset y Brown (2003).

pactada con Jehová. **La ley prohibía hacer tales alianzas,** *porque esas naciones a la postre desviarían,* **con su grosera idolatría,** *a Israel de su Señor (v. 13; 7:11; 8:9; 9:3; 11:5; 12:1; Éxodo 34:12).*[131]

Otra referencia la encontramos interesantemente en el libro de Job, considerado entre los libros más antiguos escritos del Testamento Sagrado:

> *[14]Fallecerá el alma de ellos en su juventud, y su vida entre los* **sodomitas** *(H6945)* **cadésh.**[132]

Incluyo otras versiones del mismo texto a continuación para que comparen sus traducciones:

> *Mueren en su juventud, y su vida perece entre los* **sodomitas de cultos paganos.**[133]

> *Morirán en plena juventud, y su vida (acabará) entre los* **infames.**[134]

> *El alma de ellos morirá en su mocedad, y su vida entre los* **sodomíticos.**[135]

---

131   Vázquez (1994). Destacados en negrita del autor.
132   Reina-Valera (1960). Job 36:14. Destacados en negrita del autor.
133   Lockman Foundation (1986), Job 36:14. Destacados en negrita del autor.
134   Biblia Nacar-Colunga (1944). Destacados en negrita del autor.
135   Reina-Valera (1865), Job 36:14. Destacados en negrita del autor.

Ellos mismos morirán en la juventud, y acabarán sus vidas entre los pervertidos.[136]

Fallecerá el alma de ellos en su juventud, y su vida entre los fornicarios.[137]

Mueren en su juventud, y su vida perece entre los sodomitas de cultos paganos.[138]

Sobre Job 36:14, el Comentario Bíblico Mundo Hispano informa:

Sigue advirtiendo que la muerte vendrá "en la juventud... entre los pervertidos" (v. 14). **La frase "entre los pervertidos" es llamativa. Una traducción literal del texto es "entre los hombres sagrados". Los "pervertidos" eran "hombres sagrados" o prostitutos rituales de los cultos paganos** (Deut. 23:17, 18; 1 Rey. 14:24; 15:12; 22:46; 2 Rey. 23:7). Evidentemente murieron "en la juventud" gastados por sus abusos orgiásticos (¿y de enfermedades?). ¿También es válida la observación en cuanto al culto moderno a la sexualidad?[139]

Al parecer, las fuentes teológicas tradicionales concuerdan con los datos ofrecidos hasta ahora y con las alegaciones expuestas por las comunidades homosexuales, pero aún hay más. Pues continúa el texto bíblico arrojando referencias sobre estos ritos paganos. El Nuevo Diccionario Bíblico Certeza dice acerca de Roboam lo siguiente: "Hijo y sucesor de Salomón (931-913 a.C.),

---

[136] Reina-Valera (1989), Job 36:14. Destacados en negrita del autor.
[137] Reina-Valera (2000), Job 36:14. Destacados en negrita del autor.
[138] Lockman Foundation (2005), Jb 36.14. Destacados en negrita del autor.
[139] Cevallos (2005). Destacados en negrita del autor.

durante cuyo reinado se dividió el reino. Llegó a ser, por tanto, el primer rey del reino del sur o de Judá. Tenía cuarenta y un años cuando comenzó a reinar, pero el cronista lo califica de "joven e irresoluto". Su madre fue una amonita llamada Naama".[140]

Durante el reinado de Roboam se edificaron lugares de adoración en todas partes, y lo peor de todo era que había cultos de hombres prostitutos (sodomitas) unidos a ellos. A continuación, el texto de 1 Reyes 14:24 con textos comparativos.

> [24]*Hubo también sodomitas (H6945 cadésh)*[141] *en la tierra, e hicieron conforme a todas las abominaciones de las naciones que Jehová había echado delante de los hijos de Israel.*[142]

> [24]*Hasta consagrados a la prostitución hubo en la tierra. Hicieron todas las abominaciones de las gentes que Yahveh había arrojado de delante de los israelitas.*[143]

> [24]*Hasta consagrados a la prostitución idolátrica hubo en la tierra. Imitaron todas las abominaciones de las gentes que Yahvé había echado de delante de los hijos de Israel.*[144]

Cuando el Rey Asa tomó el reinado, quitó el culto de hombres prostitutos de la tierra de Israel según nos confirma el *Nuevo Diccionario Bíblico Certeza*:

---

[140]   Nelson y Mayo (1998).

[141]   En esta versión se utiliza la palabra "sodomita" a pesar de que se refiere a hieródulo o prostitutos sagrados.

[142]   Versión Reina-Valera (1960). Destacados en negrita del autor.

[143]   La Santa Biblia (versión "Biblia de Jerusalén", 1976). Destacados en negrita del autor.

[144]   Biblia Nacar-Colunga (1944). Destacados en negrita del autor.

ASA, *tercer rey del estado independiente de Judá, cuyo reinado duró 41 años (ca. 911-870 a. C.)… La primera parte de su rei-nado* se caracterizó por el celo religioso que lo llevó a abolir los dioses paganos y la prostitución en el culto. *La medida de su celo y el arraigo de los cultos paganos se pone de manifiesto por el hecho de que Asa privó a su madre (o abuela) *Maaca de su posición como reina madre (1 R. 15.13).*[145]

El rey Asa privó a Maaca de ser reina madre por haber eri-gido un ídolo a la diosa Asera.[146] A continuación, el texto de 1 Reyes 15:12 con textos comparativos:

> *[12]Porque quitó del país a los* **sodomitas** *(H6945* **cadésh***), y quitó todos los ídolos que sus padres habían hecho.*[147]

> *Expulsó de la tierra a los* **consagrados a la prostitución,** *y quitó todos los ídolos que sus padres habían hecho.*[148]

> *Arrancó de la tierra a* **los consagrados a la prostitución idolá-trica** *e hizo desaparecer los ídolos que sus padres se habían hecho.*[149]

Pero siempre quedaron algunos de estos lugares altos, y al sus-tituir Josafat a su padre (Asa), se eliminaron todos los restantes. Mas el pueblo volvió nuevamente a su idolatría, y llegó a tal punto que aun en el templo de Jehová se pusieron estatuas de

---

[145] Douglas (1982). Destacados en negrita del autor.
[146] Nelson y Mayo (1998).
[147] Versión Reina-Valera (1960). Destacados en negrita del autor.
[148] La Santa Biblia (versión "Biblia de Jerusalén", 1976). Destacados en negrita del autor.
[149] Biblia Nacar-Colunga (1944). Destacados en negrita del autor.

dioses paganos, y había lugares de adoración idolátrica. El *Diccionario Bíblico Certeza* nos comenta sobre Josafat lo siguiente: "Hijo y sucesor de Asa como cuarto rey de Judá (ca. 873-849 a. C.)... El reinado de Josafat fue notorio por su fidelidad a las instrucciones de Yahvéh (1 R. 22.42; 2 Cr. 20.32). *Eliminó buena parte del culto pagano* (1 R. 22.43, 46), envió maestros ambulantes de la ley mosaica (2 Cr. 17.7-9). Reorganizó el sistema legal nombrando jueces en ciudades claves, con un tribunal de apelación en Jerusalén (2 Cr. 19.4–11)".[150] A continuación, el texto de 1 Reyes 22:43 con textos comparativos:

[43]*Y anduvo en todo el camino de Asa su padre, sin desviarse de él, haciendo lo recto ante los ojos de Jehová. Con todo eso, **los lugares altos no fueron quitados; porque el pueblo sacrificaba aún, y quemaba incienso en ellos**.*[151]

[43]*Siguió en todo el camino de Asá, su padre, sin desviarse de él, haciendo lo recto a los ojos de Yahveh.* [44]*Con todo, **no desaparecieron los altos; el pueblo seguía sacrificando y quemando incienso en los altos**.*[152]

[43]*Marchó por todos los caminos de Asa, su padre, sin apartarse, haciendo lo que es recto a los ojos de Yahvé.* [44]***Pero no desaparecieron los altos, y el pueblo siguió ofreciendo sacrificios y perfumes en ellos**.*[153]

---

[150]   Douglas (1982). Destacados en negrita del autor.

[151]   Versión Reina-Valera (1960). Destacados en negrita del autor.

[152]   La Santa Biblia (versión "Biblia de Jerusalén", 1976). Destacados en negrita del autor. En esta versión se incluyó el texto del versículo 44.

[153]   Biblia Nacar-Colunga (1944). Destacados en negrita del autor. En esta versión se incluyó el texto del versículo 44.

Otra referencia en el Antiguo Testamento que da testimonio de estas prácticas idolátricas se encuentra en el segundo libro de Reyes, capítulo 23, cuando menciona las reformas del Rey Josías. El *Comentario Bíblico Mundo Hispano* nos dice sobre el rey Josías lo siguiente:

El niño Josías reinó en Jerusalén desde los ocho años hasta la edad de 39. Fue hijo de Amón y de Yedida, posiblemente una mujer espiritual. Probablemente Josías pasó una juventud de diez años bajo el tutelaje de los sacerdotes y los ancianos. Con un corazón devoto a Dios condujo su vida correctamente; sin desviarse siguió los pasos espirituales de su antepasado David...

El descubrimiento del libro sagrado a la edad de 26 años y en el año 18 del reinado de Josías es la narración más detallada en 2 Reyes desde los tiempos de los profetas Eliseo y Elías.[154]

Una vez leído el texto sagrado, Josías entendió que debía poner las cosas en orden y de inmediato puso manos a la obra. El *Nuevo Comentario Bíblico: Siglo Veintiuno* nos narra las medidas tomadas para erradicar la idolatría cuando explica (refiriéndose a 2 Reyes 23: 4-20):

*Estos versículos muestran cómo **quitaron y destruyeron toda la parafernalia de las prácticas idólatras introducidas por Manasés.** El hecho de que el informe de esto viene a continuación de la renovación del pacto implica que todas estas acciones se cumplieron en respuesta al libro de la ley...*

Los sitios conectados con la idolatría fueron profanados para prevenir que fueran utilizados nuevamente para los mismos propósitos. Se hizo esto en los lugares altos a través de Judá (8) y en Tófet, otro altar ubicado en el valle que rodeaba a Jerusalén al lado sur (10).** Jeremías también se refiere a Tófet (se piensa que el nombre significa "chimenea") como **uno de los lugares donde se ofrecían sacrificios humanos (Jer. 7:31). Los lugares altos establecidos por Salomón en el monte al este de Jerusalén

---

154   Carro, Poe, y Zorzoli (1993).

***también fueron profanados** (13, 14). Las reformas de Josías deben haber sido más exhaustivas que todas las anteriores porque evidentemente reyes reformadores previos **habían dejado las piedras rituales y las imágenes de Asera intactas en algunos sitios** (14).*[155]

El *Nuevo Comentario Ilustrado de la Biblia* sobre los versículos 7-9 del capítulo 23 indica lo siguiente: "La prostitución sagrada era una práctica habitual de la degradante religión cananea (1 R 14.24; 15.12; 22.46). Lo horrible del asunto no es tan solo que estos pervertidos practicaban su actividad en Jerusalén; **sino que además contaban con espacios para colocar sus tiendas dentro del recinto del Templo**".[156] Esto se confirma cuando leemos el texto de 2 Reyes 23:7, donde se afirma que hasta **"en la casa de Jehová"** se tejían **"tiendas para Asera"**.

A continuación, 2 Reyes 23:7 con textos comparativos:

*[7]Además derribó los lugares de **prostitución idolátrica** (H6945 **cadésh**) que **estaban en la casa de Jehová**, en los cuales tejían las mujeres **tiendas para Asera**.*[157]

*[7]Derribó las casas de los **consagrados a la prostitución** que **estaban en la Casa de Yahveh** y donde las mujeres **tejían velos para Aserá**.*[158]

*[7]Derribó los **lugares de prostitución idolátrica del templo de Yahvé**, donde las mujeres tejían **tiendas para Asera**.*[159]

---

[155]   Carson et ál. (1999). Destacados en negrita del autor.

[156]   Nuevo Comentario Ilustrado de la Biblia (2003). Destacados en negrita del autor.

[157]   Reina-Valera (1960).

[158]   La Santa Biblia (versión "Biblia de Jerusalén", 1976). Destacados en negrita del autor.

[159]   Biblia Nacar-Colunga (1944).Destacados en negrita del autor.

Ocurre un detalle interesante en este versículo 7 de 2 Reyes. La palabra que se traduce aquí como "prostitución idolátrica" es la palabra **cadésh** (H6945), la misma que es traducida como "sodomita" en Deuteronomio 23:17. Fíjese que esto ocurre en la misma versión bíblica, o sea, la *Reina-Valera* revisada de 1960. Revisando algunas de las versiones *Reina-Valera*, pude hallar lo siguiente:

Reina-Valera de 1865:
*⁷Asimismo derribó las casas de los **sodomíticos** que estaban en la casa de Jehová, en las cuales las mujeres tejían pabellones para el bosque.*

Reina-Valera de 1960:
*⁷Además derribó los lugares de **prostitución idolátrica** que estaban en la casa de Jehová, en los cuales tejían las mujeres tiendas para Asera.*

Reina-Valera de 1989:
*⁷Y destruyó las habitaciones de los **varones consagrados a la prostitución ritual**, las cuales estaban en la casa de Jehovah, donde las mujeres hacían tejidos para Asera.*

Reina-Valera de 1995:
*⁷Además derribó los lugares de **prostitución idolátrica** que estaban en la casa de Jehová, en los cuales tejían las mujeres tiendas para Asera.*

Reina-Valera de 2000:
*⁷Asimismo derribó las casas de los **sodomitas** que estaban en la Casa del SEÑOR, en las cuales tejían las mujeres pabellones para el bosque.*

Ya existían versiones como la Nacar-Colunga (1944), la *Biblia de Jerusalén* (1976) y la *Dios Habla Hoy* (1996) donde claramente se habían traducido los textos de Deuteronomio 23:17 y 2 Reyes 23:7 con los vocablos "prostituto", "hieródulo" y frases "prostitución practicada en cultos paganos", "prostitución idolátrica" y "consagrados a la prostitución". ¿Por qué los traductores de la *Reina-Valera* en el texto de 2 Reyes 23:7, luego de haber usado términos distintos a "sodomita" en sus versiones de 1960, 1989 y 1995 vuelven a usarla en la versión de 2000? ¿Por qué, luego de haber cambiado la palabra "sodomita" del texto de Deuteronomio 23:7 en su versión de 1989 (donde usaron "prostituto sagrado"), volvieron a usarla en sus versiones de 1995 y 2000?

En ninguno de estos textos se hace referencia al homosexual o la homosexualidad (como lo conocemos), sino a la consagración de hombres y la mujeres en cultos paganos y siempre relacionados con prácticas idolátricas. Fue lo que más disgustó a Dios durante este tiempo de los israelitas. Una y otra vez caía el pueblo en la idolatría pagana de los pueblos que lo rodeaban y de pueblo de Dios pasaban a los ídolos, olvidándose de Jehová.

Partiendo de estas prácticas de adoración idolátricas es que varios eruditos concluyen sobre la procedencia del término despectivo "perro" para describir a estos sacerdotes. Sin embargo, cuando se intenta explicar esto a los que condenan a los homosexuales, ellos despachan el asunto muy cómodamente diciendo: "Eso es teología gay". Si esta afirmación fuera cierta, entonces las personas que estuvieron involucradas en traducir las biblias, enciclopedias, y comentarios utilizados en este libro como referencias serían homosexuales.

Con relación a Deuteronomio 23:18, la *Biblia Dios Habla Hoy* afirma que a Dios le repugna el pago de una promesa con dinero ganado **"en ese tipo de prostitución"**. Está claro que los traductores de esa versión bíblica entendieron perfectamente que la referencia alude al dinero obtenido mediante la prostitución cúltica. Los traductores de la *Biblia de Jerusa-*

lén también estaban de acuerdo con esto cuando tradujeron: "[18]No llevarás a la casa de Yahveh tu Dios **don de prostituta ni salario de perro**". Los traductores de la versión *Reina-Valera* de 1989 hicieron algo similar al traducir: "[18]No traerás a la casa de Jehovah tu Dios, por ningún voto, el **salario de una prostituta ni el salario de un prostituto**". Es obvio que no se está hablando de mascotas. ¿Son homosexuales todas las personas que trabajaron en estas versiones bíblicas? ¿Son teólogos gaiss los que trabajaron en estas versiones bíblicas? Realmente lo dudo. Nadie que se respete a sí mismo se atrevería afirmar algo así.

En relación con estos textos (Dt 23:17,18) específicos, el *Nuevo Comentario Bíblico: Siglo Veintiuno* indica:

Algunos de los rituales de las religiones cananea y babilónica involucraban relaciones sexuales de los líderes comunitarios con hombres y mujeres que estaban relacionados con ciertos santuarios para ese propósito. Se pensaba que de esta forma las divinidades podían ser persuadidas para que hicieran que la tierra fuera fértil. Esta práctica era abominación a los ojos del Dios de Israel, quien proveía la fertilidad como resultado de su amor por el pueblo, y quien no podía ser manipulado por esos medios mágicos.[160]

Pero mucho más claras son las declaraciones que al respecto manifiesta el *Comentario Bíblico Mundo Hispano* cuando dice:

La práctica de la prostitución sagrada era común en las religiones de fertilidad en el antiguo Cercano Oriente. En las religiones que usaban estas prácticas la prostitución sagrada era el medio de garantizar para los adoradores de los dioses y las diosas la fertilidad del campo, de los animales y de los seres humanos. La relación sexual atraía a hombres y mujeres que se prostituían en sacrificio agradable a sus dioses, para inducir a los dioses y las diosas a desenlazar el poder procreador en el vientre de las mujeres, del suelo y de los animales. La palabra traducida prostituto

---

[160]   Carson et ál. (1999), Dt 23.24.

sagrado y prostituta sagrada es qadesh y qedeshah 6948 (vea la nota en la RVA [Reina Valera Actualizada de 1909] **Estas dos palabras en heb. lit. se traducen "los santos" o "los consagrados" y son términos técnicos para designar a las personas que servían en el templo cananeo en el culto de Asera, la diosa de la fertilidad...**[161]

Los israelitas tenían que enfrentarse con una cultura saturada de lujuria que **se expresaba en la forma de prostitución ritual en los templos paganos.** *Seguramente el predominio de estos templos y lugares donde se practicaban las formas más bajas de sensualidad* **representaría una atracción y una tentación constante para los israelitas.** *Por eso, la expresión clara de prohibición cabía como modo de prevenir la caída en el pecado....*[162]

La ley deuteronómica **prohibía a los israelitas que sirvieran en el templo como prostitutos.** *La prostitución sagrada era una abominación a Jehovah y su práctica era completamente contraria a los valores morales y espirituales presentes en el pacto entre Dios e Israel. La religión de Israel no podía ser separada de una vida pura y santa, una vida consistente con la personalidad de su Dios.* **Pero, las muchas referencias a la prostitución sagrada en el AT** *(1 Rey 14:24; 15:12; 22:46; 2 Rey 23:7; Ose 4:14)* **son evidencias de que la inmoralidad sexual característica de la religión de Asera se había infiltrado y contaminado a la religión de Israel.**

Además de la ley que prohibía la prostitución sagrada de los israelitas, la ley deuteronómica prohibía traer a la casa de Jehovah el dinero recibido en la prostitución. El pago de un voto hecho a Dios era la manera en que una persona expresaba su gratitud por una bendición recibida de Dios. Pero ningún voto podía ser pagado con el sueldo de prostitución, porque tal práctica era una abominación a Jehovah. Las palabras en heb. que

---

[161] Carro et ál. (1993). Destacados en negrita del autor

[162] Ibídem, p.486 Destacados en negrita del autor

se usan en el v. 18 para designar el prostituto y la prostituta son diferentes de las usadas en el v. 17. La palabra prostituta en el v. 18 es zonah 2181, una palabra generalmente usada para designar una prostituta de la calle. **La palabra prostituto en el v. 18 es caleb 3611, una palabra que lit. significa "perro". La palabra caleb se usaba para el prostituto homosexual y también para designar a un funcionario del templo que vendía su cuerpo en el culto de la fertilidad.** *La ley, por lo tanto, declaraba que Jehovah consideraba que los prostitutos en el templo y a las prostitutas en la calle eran una abominación y que él no aceptaba la ganancia inmoral como una oferta agradable de su pueblo.*[163]

Otra referencia se observa en la *Enciclopedia Ilustrada de Realidades de la Biblia,* donde se explica que:

Las religiones de la fertilidad tales como las de Ugarit ponen gran énfasis en la reproducción en la tierra, en las cosechas y en el vientre. Este énfasis ayuda a explicar su hincapié en las uniones sexuales. La Biblia y los textos cananeos de Ugarit usan las palabras cades y kedesha, que significan "santo" y "santa", respectivamente. En Ugarit estos "santos" eran sacerdotes y sacerdotisas homosexuales que actuaban como prostitutas. Hallamos una fuerte reacción hebrea contra esta "prostitución cúltica" en pasajes tales como Levítico 19.29: "No contaminarás a tu hija haciéndola fornicar", y Deuteronomio 23.17: "No haya ramera (kedesha) de entre las hijas de Israel, ni haya sodomita (cadesh) de entre los hijos de Israel". Una de las reformas de Josías fue que "derribó los lugares de prostitución idolátrica" (2 R 23.7).[164]

Estimado lector, como puede ver, las referencias del *Nuevo Comentario Bíblico: Siglo Veintiuno,* el *Comentario Bíblico Mundo Hispano* y la *Enciclopedia Ilustrada de Realidades de la Biblia,* por mencionar algunos, concuerdan con todo lo que por años han

---

[163]   Ibídem, p. 486. Destacados en negrita del autor.
[164]   Packer et ál. (eds.) (2002).

estado proclamando las comunidades cristianas homosexuales con respecto a estos textos. A pesar de todo, se continúa machacando y declarando falsamente que estas ideas son producto de teologías gais o de movimientos de liberación gais.

Para resumir, el pueblo hebreo estaba rodeado por naciones que involucraban el uso de hombres y mujeres "sagrados" en sus prácticas de adoración religiosa. Los habitantes de esos pueblos acudían a los templos buscando el favor de sus dioses teniendo relaciones sexuales con estos intermediarios sagrados. Los hombres podían sostener relaciones sexuales con las sacerdotisas al igual que con los sacerdotes, y eran preferidos los hombres por ser para ellos un mayor sacrificio. Muchos de estos hombres podrían ser claramente hombres heterosexuales que sostenían relaciones homosexuales sin ser ellos realmente homosexuales, cometiendo un acto que para ellos era claramente antinatural.

Estas leyes deben abrirle los ojos a aquellos que aún hoy adoran ídolos, practican actividades sexuales en sus servicios de adoración y sacrifican infantes a dioses demoníacos. Enseñan sobre el carácter de Dios y advierten sobre las consecuencias funestas de la idolatría. Nada tiene que ver con personas que naturalmente son homosexuales y buscan relaciones saludables, estables y comprometidas, deseando vivir vidas normales y productivas.

Capítulo VI
Romanos

Carta escrita por el apóstol Pablo a los creyentes de Roma:
Como en nuestro Canon *las Epístolas paulinas dirigidas a las iglesias están ordenadas según su tamaño, esta, la más larga del Nuevo Testamento, encabeza a las demás. Expone casi formalmente la doctrina paulina de la salvación. La Epístola a los Romanos consiste en dos mitades, una doctrinal (1-8) y otra práctica (12-16), separadas por tres capítulos sobre la posición de Israel en la historia de la salvación (9-11).*[165]

Romanos 1:26-27

> [26]*Por esto Dios los entregó a pasiones vergonzosas; pues aun sus mujeres cambiaron el uso* **natural** *(G5446* **fusikós***) por el que es* **contra** *(G3844* **pará***)* **naturaleza** *(G5449* **fúsis***),* [27]*y de igual modo también los hombres,* **dejando** *(G863* **afíemi***) el uso* **natural** *(G5446* **fusikós***) de la mujer, se encendieron en su lascivia unos con otros,* **cometiendo** *(G2716* **katergázomai***) hechos vergonzosos hombres con hombres, y recibiendo en sí mismos la retribución debida a su extravío.*[166]

En este pasaje la controversia surge con el uso de los términos "natural" (G5446 *fusikós*) y "contra" (G3844 *pará*) "naturaleza"

---

[165]   Nelson y Mayo (1998).
[166]   Versión Reina-Valera (1960). Destacados en negrita del autor.

(G5449 *físis*). El argumento principal aquí tiene que ver con la alegación de que la homosexualidad viola las llamadas "leyes de la naturaleza". Sin embargo, veamos de cerca de qué se trata.

Comenzando con el significado de las palabras "natural" y "naturaleza", el *Diccionario Strong* de palabras hebreas, arameas y griegas del Antiguo y Nuevo Testamento indica para "natural" lo siguiente: "*fusikós* de G5449; 'físico', i.e. (por implicación) instintivo: natural. Compare G5591". Y para "naturaleza" "*físis* de G5453; crecimiento (por germinación o expansión), i.e. (por implicación) producción natural (descendencia lineal); por extensión genio o suerte; figurativamente disposición natural, constitución o uso: de nacimiento, natural, naturaleza humana".[167]

Con relación a la palabra "naturaleza", el *Nuevo Diccionario Ilustrado de la Biblia* añade: "Su más amplio sentido designa la peculiaridad propia y nativa de cada ser. Cuando se habla de la naturaleza del hombre se alude a lo que el hombre tiene de por sí, en contraposición a lo que recibe de afuera, por educación o costumbre".[168]

Es importante conocer algo del contexto cultural e histórico en que se escribieron los textos bíblicos para comprender mejor su mensaje. Se debe intentar descubrir si el significado histórico de esas palabras es el mismo que se le da en la actualidad. A continuación, veremos un poco de ese contexto histórico para tratar de comprender mejor las circunstancias que rodeaban la vida de los cristianos en Roma para el tiempo en que esta carta fue escrita.

John Boswell aporta lo siguiente sobre el contexto cultural e histórico del Imperio Romano:

En los primeros tiempos del Imperio, los papeles estereotípicos de "amante" y "amado" ya no parecen ser el único modelo de

---

[167] Diccionario Strong de Palabras Hebreas, Arameas y Griegas del Antiguo y Nuevo Testamento y su traducción en Reina-Valera (1960).

[168] Nelson y Mayo (1998).

amantes homosexuales, e incluso los emperadores abandonaban los papeles sexuales tradicionales en favor de relaciones eróticas que implican mayor reciprocidad.[98] Muchas relaciones homosexuales eran permanentes y exclusivas. Entre las clases bajas podían haber predominado las uniones informales como las de Gitón y Encolpio, pero en las clases altas eran legales y comunes los matrimonios entre hombres o entre mujeres. Incluso durante la República, como se ha observado, Cicerón consideró como matrimonio la relación del joven Curio con otro hombre, y durante los primeros años del Imperio es muy común hacer referencia a matrimonios gays. El biógrafo de Heliogábalo sostiene que tras el matrimonio del Emperador con un atleta de Esmirna, todo hombre que aspirara a progresar en la corte imperial debía tener marido o simular que lo tenía (Lampridio, 10-II).[99] Marcial y Juvenal mencionan las ceremonias públicas, con participación de las familias, dotes y precisiones legales.[100] No está claro que esto se limitara a los aristócratas: Juvenal menciona a un cornetista. Marcial señala (11.42) que los dos hombres que toman parte en una ceremonia nupcial son completamente masculinos ("El barbudo Calistrato se pasó con el robusto Afer")[101] y que el matrimonio se efectúa según la misma ley que regula el matrimonio entre hombres y mujeres.[169]

Nerón, emperador de Roma para la época, fue muy conocido por los excesos sexuales que cometía. Boswell informa sobre la conducta del emperador romano lo siguiente:

Nerón se casó sucesivamente con dos hombres, en ambos casos con ceremonia pública y el ritual adecuado al matrimonio legal. Al menos una de estas uniones fue reconocida por griegos y romanos, y a la esposa se le concedían honores de emperatriz (Suetonio informa de un chiste popular de la época, según el cual, si el padre de Nerón se hubiera casado con ese tipo de esposa, el mundo habría tenido mejor suerte; Nerón, 28-29.) Uno de los hombres,

---

[169]   Boswell (1998, p. 77).

Esporo, acompañaba a Nerón a las funciones públicas, donde el emperador lo abrazaba cariñosamente. Permaneció con Nerón durante todo su reinado y estuvo a su lado cuando murió[102].[170]

Según José María Blázquez:

En la antigüedad la libertad sexual fue considerablemente amplia, aunque no existió el concepto actual de pornografía ni la emancipación de la mujer. La religión no se ocupó de la moral sexual, ni mucho menos rechazó la sexualidad. Tampoco en el Antiguo o Nuevo Testamento hay rechazo explícito de la sexualidad, ni valoración de la castidad. Jesús no recomendó el celibato a nadie, según afirma tajantemente Pablo de Tarso (1 Cor. 7:2,26). En el mundo judío solo eran célibes los ascetas, como Juan Bautista y los Esenios (Plin. 5, 73; Ios. BI 2, 119ss.; Ant. 13, 171ss.; 118ss.). En la religión romana solo fueron célibes las vestales. El rechazo del placer sexual en el cristianismo es de origen estoico y gnóstico, no de origen judío.[171]

Aun durante la historia del Imperio Romano y la era cristiana primitiva persistía la idolatría y se practicaba en los templos paganos la prostitución cúltica. En Grecia y Roma era común para un hombre tener una esposa y a la misma vez tener un joven amante masculino. Este tipo de arreglo era considerado como un suplemento al matrimonio y era reconocido por el Estado. La relación homosexual básica en la sociedad griega sucedía entre un hombre de mayor edad y un joven. El hombre de mayor edad admiraba al joven por sus cualidades masculinas (belleza, fuerza, velocidad, resistencia) y el hombre más joven respetaba al de mayor edad por su sabiduría, experiencia y autoridad. Se esperaba del hombre mayor

---

[170]   Ibídem, p. 78. Sobre esto Boswell comenta es su nota102: "Si bien podría cuestionarse su autoridad en lo relativo al matrimonio de Heliogábalo, difícilmente podría ponérsela en duda a propósito de Nerón: es mencionado in extenso por Suetonio (Nerón, 28-29), Tácito (15-37) y Dión Casio (61.28, 62.12) y brevemente por Aurelio Víctor, Orosio y otros.

[171]   Blázquez (2006, p. 13).

educar, entrenar, y proteger al menor, y en el curso debido en que el joven creciera, se esperaba que llegaran a ser buenos amigos, antes que amantes. Se esperaba de ambos que en el curso debido de sus vidas se casaran y engendraran niños. No se esperaba que estas relaciones fueran privadamente eróticas, antes bien eran consideradas de gran importancia para el Estado, y por esto eran supervisadas por las autoridades.

En lo que respecta a la tolerancia social de los homosexuales en Occidente. Boswell dice:

Ni la religión romana ni el derecho romano reconocían diferencia alguna entre el erotismo homosexual y el erotismo heterosexual, y mucho menos aún inferioridad del primero. En general, los prejuicios que afectaban a la conducta, a los roles o al decoro sexual afectaban a todas las personas por igual. La sociedad romana sostenía casi de manera unánime que los varones adultos eran capaces de mantener relaciones sexuales con ambos sexos y hasta de interesarse directamente en ello. Es extraordinariamente difícil transmitir a los públicos modernos la absoluta indiferencia de la mayoría de los autores latinos ante la índole masculina o femenina del sexo.[172]

Por estas prácticas tan comunes en aquella época sería más razonable pensar que el apóstol Pablo hablaba de cómo algunas personas se habían vuelto en contra de Dios, cambiando lo natural por lo que no era natural, refiriéndose a heterosexuales que se entregaban a relaciones homosexuales, cometiendo actos "contra su naturaleza" individual.

Sobre este asunto, Boswell comenta:

El concepto de "ley natural" solo se desarrolló un milenio después de la muerte de Pablo,[61] de modo que es un anacronismo leerla en sus palabras. Para Pablo, la "naturaleza" no era una cuestión de ley o de verdad universales, sino, más bien, una cuestión relativa al carácter de ciertas personas o grupo de personas, carácter en gran parte étnico y enteramente humano: los judíos son judíos "por naturaleza", así como los gentiles son gentiles "por

---

[172]   Boswell (1998, p. 72).

naturaleza".[62] Para Pablo, la "naturaleza" no es una fuerza moral: los hombres pueden ser malos o buenos "por naturaleza", según su propia disposición.[63] En los escritos paulinos, el término "naturaleza" va siempre acompañado de un posesivo; en efecto, no hay "naturaleza" en abstracto, sino "naturaleza" de alguien: la "naturaleza" de los judíos, o la "naturaleza" de los gentiles, o incluso la "naturaleza" de los dioses paganos ("Cuando no conocíais a Dios, os servíais de ellos, los cuales, por naturaleza [esto es, por su naturaleza], no son dioses". Gál., 4: 8, KJV).[64][173]

David F. Greenberg en su libro *The Construction of Homosexuality* informa de "escritores romanos que hablan de las prácticas cúlticas a la diosa Cybele". Informa además que "en *The Life of Constantine* (*La vida de Constantino*), el historiador eclesiástico Eusebius Pamphili, obispo de Cesarea (260?-340), implicó sin ser demasiado explícito que los sacerdotes afeminados de la diosa venerada en el Monte Líbano todavía incurrían en prácticas homosexuales de culto para su tiempo". Más adelante añade:

Tomando todas las fuentes juntas –un procedimiento justificado por el contacto prolongado y extenso entre las distintas civilizaciones del Mediterráneo– puede concluir con seguridad que el coito anal formó parte del culto a la diosa desde época temprana en todo el Cercano Oriente, con la posible excepción del Egipto faraónico. Si Eusebio es de ser creído, todavía estaban sucediendo en el Monte Líbano estas prácticas hasta que Constantino hizo destruir el santuario de la diosa de la luna en el siglo IV.[174]

El relato del historiador Eusebio confirmaría entonces estas prácticas idolátricas al menos durante los primeros 300 años de la era cristiana.

Sobre el aspecto social de la prostitución, Greenberg informa:

La prostitución floreció en Roma después de la Segunda Guerra Púnica (218-201 AC), cuando las riquezas se vertían en la ciu-

---

[173]   Ibídem, p. 107.
[174]   Greenberg (1988, pp. 98-99) La traducción es nuestra.

dad, y el desplazamiento en gran escala de trabajadores agrícolas libres por los esclavos creó desempleos masivos. Los burdeles abrieron no solo en Roma, sino también en los grandes y medianos pueblos a través de Italia. Una referencia en el discurso público del funcionario Cato sobre el alto precio de la prostitución masculina deja claro que solo los ricos podían permitírselo.

La mayoría de los prostitutos masculinos eran esclavos propiedad de un proxeneta, sin embargo, algunos prostitutos eran libertos o incluso hombres libres. Bajo Augusto, el gobierno empezó a gravar la prostitución masculina, y también se les concede un día festivo, el 24 de abril. A principio del imperio, diferentes prostitutos homosexuales, activos (exoleti) y pasivos (cinaedi), estaban cumpliendo los gustos especializados de sus clientes.

Los hombres ricos tenían además otra válvula de escape: sus esclavos. Aunque la ley ateniense prohibió la entrada de esclavos en los gimnasios (donde muchas aventuras pederastas se iniciaban), o el tener relaciones con hombres libres, ellos quedaban a disposición de sus dueños. Mientras que los propietarios tenían prohibido violar a sus esclavos, en la práctica los esclavos que habían sido violados tenían pocos remedios. Los propietarios de esclavos romanos también podrían utilizarles para fines de explotación sexual con impunidad, y algunos mantuvieron considerables harenes masculinos. El comercio de esclavos para ser utilizado sexualmente persistió durante siglos.[175]

En el verso que nos ocupa, Pablo hace referencia a hombres y mujeres que dejaron su uso "natural" (G5446 *fusikós*) por actos "contra" (G3844 *pará*) naturaleza (G5449 *fúsis*). Es de esta frase que se acuña el término "crímenes contra natura" utilizado en nuestras leyes.

Veamos ahora cómo Pablo utiliza la palabra "naturaleza" (G5449 *fúsis*) en otras referencias bíblicas. El primer ejemplo que deseo traer a su consideración se encuentra en

---

[175]   Ibídem, pp. 119-120.

Gálatas 2:15. La palabra utilizada en esa referencia (G5449 *fúsis*) es la misma que se usa en Romanos 1:26. Fíjese en el uso que el apóstol da a la palabra y compare además algunas traducciones bíblicas aquí incluidas.

GÁLATAS 2:15

[15] *Nosotros, judíos* **de nacimiento**, *y no pecadores de entre los gentiles.*[176]

[15] *Nosotros Judíos* **naturales**, *y no pecadores de los gentiles.*[177]

[15] *Nosotros somos judíos* **de nacimiento**, *y no pecadores paganos.*[178]

[15] *Todos nosotros somos judíos* **desde que nacimos**, *y no somos *pecadores como los que no son judíos.*[179]

[15] *Nosotros* **por naturaleza** *judíos* [(j)], *y no de entre gentes pecadores* [(k)].[180]

---

[176]   Versión Reina-Valera (1960). Destacados en negrita del autor.

[177]   Reina-Valera (1909). Destacados en negrita del autor.

[178]   Dios Habla Hoy. La Biblia de Estudio (1998). Destacados en negrita del autor.

[179]   Biblia en lenguaje sencillo (2000). Destacados en negrita del autor.

[180]   La Sagrada Biblia (versión de la Septuaginta en español, 1992). Destacados en negrita del autor.

Aquí la palabra "naturaleza" (G5449 *fúsis*) aparece definida como "de nacimiento", refiriéndose al origen natural del individuo, de la misma forma en que cualquiera de nosotros se referiría a su lugar de origen. Por ejemplo, puertorriqueño de nacimiento, americano de nacimiento, colombiano de nacimiento y así sucesivamente.

Vea otra referencia en 1 Corintios 11:14-15. Aquí nuevamente Pablo hace uso de la palabra (G5449 *fúsis*), la misma que en Romanos 1:26. Nótese el uso que el apóstol da al vocablo y compare además algunas traducciones bíblicas aquí incluidas.

1 Corintios 11:14-15

14La naturaleza misma ¿no os enseña que al varón le es deshonroso dejarse crecer el cabello? 15Por el contrario, a la mujer dejarse crecer el cabello le es honroso; porque en lugar de velo le es dado el cabello.[181]

*14 **Según nuestras costumbres**, es una vergüenza que el hombre se deje crecer el cabello, 15 pero no lo es que la mujer se lo deje crecer. Y es que Dios le dio el cabello largo para que se cubra la cabeza.*[182]

*14**La naturaleza** misma nos enseña que es una vergüenza que el hombre se deje crecer el cabello; 15en cambio, es una honra para la mujer dejárselo crecer; porque a ella se le ha dado el cabello largo para que le cubra la cabeza.*[183]

---

[181]   Versión Reina-Valera (1960). Destacados en negrita del autor.
[182]   Biblia en lenguaje sencillo (2000). Destacados en negrita del autor.
[183]   Dios Habla Hoy. La Biblia de Estudio (1998). Destacados en negrita del autor.

[14]*¿No es así que la naturaleza misma, o la común opinión, os dicta que no es decente al hombre dejarse crecer siempre su cabellera;*[184]

[14]**el sentido común** *nos enseña que es vergonzoso para el hombre hacerse un peinado,*[185]

[14] *La naturaleza de las cosas ¿no les enseña que un hombre que usa su cabello largo le es deshonroso?*[186]

En este segundo ejemplo ocurre algo interesante por demás. Levítico 19:27 dice: "[27]**No cortaréis en redondo las extremidades de vuestras cabezas, ni dañarás la punta de tu barba**",[187] al comparar el texto con la versión D*ios Habla Hoy - La Biblia de Estudio,* leemos: "[27]**No se corten el pelo en redondo, ni se recorten la punta de la barba**".[188] Si Dios en su Código de Santidad había prohibido cortarse el cabello, ¿por qué Pablo le dice a los gálatas que al hombre le es vergonzoso (deshonroso) dejarse crecer el cabello? Si dejarse el cabello largo había sido una de las "leyes naturales" establecidas por Dios, ¿por qué Pablo enseña otra cosa? Recuerde, Pablo era judío, de la tribu de Benjamín, educado por el famoso rabino Gamaliel (Hch 22:3), miembro celoso del partido de los fariseos (Ro 11.1; Fil 3.5; Hch 23.6) y ciudadano romano. ¿Estaba Pablo desobedeciendo a Dios? ¿Estaba

---

[184]   Biblia Torres Amat. Esta, preparada por Terranova Editores, es una biblia católica con un lenguaje actualizado en el texto sagrado a partir de la traducción de don Félix Torres Amat. Destacados en negrita del autor.

[185]   Biblia Latinoamericana (1995) Destacados en negrita del autor.

[186]   Ascunce (2003). Destacados en negrita del autor.

[187]   Reina-Valera (1909). Destacados en negrita del autor.

[188]   Dios Habla Hoy. La Biblia de Estudio (1998). Destacados en negrita del autor.

enseñando una herejía? ¡Por supuesto que no! Es evidente que para Pablo "natural" (G5446 *fusikós*)" y "contra" (G3844 *pará*) "naturaleza" (G5449 *fúsis*) tenían otro significado.

Pablo no estaba haciendo referencia a las leyes naturales o leyes de la naturaleza, sino a la propia naturaleza de las cosas, aquello que es natural en su práctica o como práctica común.

Sobre 1 Corintios 11:13-16, el *Nuevo Comentario Ilustrado de la Biblia* afirma:

11.13-15. **La naturaleza** *parece referirse, en el uso de Pablo, a cómo deberían ser las cosas naturalmente (cf.* **Ro 1.26**; *2.14, 27; también 11.21, 24; Gá 2.15; 4.8). Para Pablo, es natural que el hombre y la mujer sean diferentes. La mujer es capaz de manifestar esto al usar su cabello más largo que el cabello del hombre.*

11.16. **No tenemos tal costumbre:** *La frase de Pablo presupone su pregunta del v. 13 y su perspectiva de lo que es natural en el v. 14. Para la pregunta "¿es propio para la mujer orar a Dios con su cabeza descubierta?" uno debe responder un resonante "ciertamente no" (eso es, si ha de tener sentido la discusión de Pablo en este punto).* **Los cristianos de Corinto deberían observar esta costumbre universal.** *Ninguna otra iglesia permitía a las mujeres profetizar sin cubrir su cabeza,* **y la iglesia de los corintios no debería permitir que esto ocurriera en sus asambleas.**[189]

Si tomamos en consideración el contexto del capítulo 11 de Corintios desde el versículo 1 hasta el 16, se hace evidentemente claro que el hecho de que las mujeres se dejaran el pelo largo, que los hombres se dejaran el pelo corto y que las mujeres al profetizar se cubrieran la cabeza se consideraba una "costumbre universal" que debía ser observada. En palabras más sencillas, aquí se está hablando de una costumbre universal o popularmente aceptada en aquel tiempo

---

[189]   Nuevo Comentario Ilustrado de la Biblia (2003). Destacados en negrita del autor. Note que el comentario incluye el texto de Romanos 1:26.

por todas las iglesias y nada tiene que ver con "leyes naturales" o una "ley de la naturaleza".

Con relación al versículo 16 de Corintios 11, el *Nuevo Comentario Bíblico: Siglo Veintiuno* cierra diciendo: "¹⁶Pablo concluye diciendo que si alguno desea contender con esta *tradición apostólica* debe tener en cuenta que ni Pablo ni las iglesias de Dios *siguen otra práctica*".[190] Esto, junto al comentario anterior, estaría respaldando las traducciones realizadas (de la palabra "naturaleza" [G5449 *fúsis*]) en varias de las versiones que utilicé anteriormente para comparar el texto de Corintios 11:14, a saber: **"según nuestras costumbres"**[191], **"la común opinión"**[192], **"el sentido común"**[193] y **"la naturaleza de las cosas".**[194]

Unas observaciones serían útiles aquí; primero, para los seres humanos el crecimiento del cabello, la barba y las uñas es algo que ocurre de forma *natural* puesto que no hay nada que el hombre pueda hacer para impedirlo. Pensemos por un momento que esto es una ley natural o una de las leyes de la naturaleza, entonces estaría muy mal cortarlos, pues se estaría cometiendo un acto *no natural* o *contranatura*. Sin embargo, hoy día se considera culturalmente aceptable o una conducta *natural* que las personas se corten el cabello, que los caballeros se recorten o afeiten la barba y que tanto los hombres como las mujeres arreglen sus uñas. Sería *no natural* que alguien se dejase crecer el cabello, la barba (los caballeros) y las uñas sin control alguno. Segundo, la humanidad ha sido creada para vivir sobre la tierra, la *naturaleza* le dio piernas para andar sobre ella y por tal motivo es *natural* para el hombre caminar sobre la tierra. Esta es la *ley natural* que rige a los hombres. No es *natural* que el hombre vuele. Quiero decir, si Dios hubiese

---

[190]   Carson et ál. (1999), 1 Co 11.16. Destacados en negrita del autor.
[191]   Biblia en lenguaje sencillo (2000). Destacados en negrita del autor.
[192]   Biblia Torres Amat. Destacados en negrita del autor.
[193]   Biblia Latinoamericana (1995). Destacados en negrita del autor.
[194]   Ascunce (2003). Destacados en negrita del autor.

deseado que el hombre volara le habría dado alas... ¿no es así? Por esta razón alguien podría declarar que el hecho que los hombres vuelen es *contranatura* pues viola las *leyes de la naturaleza*. Sin embargo, en la actualidad es culturalmente aceptable o una conducta *natural* el que las personas vuelen haciendo uso de aviones, globos, cohetes, etc., y sería *no natural* que la humanidad dejara de hacerlo hoy.

Note que en estas observaciones utilicé las palabras "natural", "naturaleza" y "contranatura" para referirme a lo que es común, culturalmente aceptable, ordinario y normal. De esa misma forma han sido utilizadas estas palabras en los textos bíblicos aquí referidos.

El tercer ejemplo que deseo traer a su consideración se encuentra en Romanos 11:23-24. En este se utilizan las palabras (G5449) *fúsis* y (G3844) *pará* (G5449) *fúsis*. Fíjese en el uso que el apóstol da a las palabras.

ROMANOS 11:23-24

> [23]*Y aun ellos (refiriéndose a los judíos que fueron desgajados del buen olivo por su incredulidad), si no permanecieren en incredulidad, serán injertados, pues poderoso es Dios para volverlos a injertar.* [24]*Porque si tú (refiriéndose a los gentiles) fuiste cortado **del que por naturaleza** (fúsis – G5449) es olivo silvestre, y **contra naturaleza** (pará fúsis – G3844 G5449) fuiste injertado en el buen olivo (refiriéndose al pueblo de Dios), ¿cuánto más estos, que son las ramas naturales, serán injertados en su propio olivo?*[195]

En este pasaje Dios actúa de un modo "contranatura" (*para fúsis)* al aceptar a los gentiles que **"por naturaleza es olivo silvestre"**. ¿Acaso podemos decir que Dios pecó? ¿Puede Dios

---

[195]   Reina-Valera (1960). Destacados en negrita y comentarios del autor.

pecar? ¡Por supuesto que no! "Contranaturaleza" en este pasaje no se refiere a la violación de las llamadas "leyes de la naturaleza", sino que implica una acción contradictoria a la propia naturaleza del individuo, en este caso, la naturaleza de Dios. Podríamos decir correctamente que Dios obró de una forma poco común, insólita o inusual con los gentiles.

Con relación a Romanos 11:23-24, el *Comentario Bíblico Mundo Hispano* dice:

Lo que ha determinado su rechazo es su incredulidad. Si no permanecen en su postura de incredulidad podrán ser incluidos en el pueblo de Dios. Esto puede parecer imposible por el momento, pero Dios es poderoso para hacerlo y, de hecho, había creyentes judíos que lo demostraban.

*Es claro que al hablar de volver a injertar las ramas originales se ha dejado atrás toda relación de la ilustración con la **práctica normal**. Se puede citar **antecedentes para injertar ramas silvestres en una planta cultivada aunque esto no sea la práctica común, pero no hay antecedentes para volver a injertar ramas originales quitadas**. Es precisamente esta **anormalidad, esta práctica no lógica**, que subraya la soberana capacidad de Dios en su obrar con el hombre. Dios es capaz de cambiar la incredulidad del hombre en fe y esto debe animar a todo aquel que comparte el evangelio. Pablo mismo es la evidencia más impactante del poder de Dios de cambiar incredulidad en fe.*

*Pablo, en el versículo 24, sigue dirigiéndose al lector gentil. El versículo representa apoyo para la inclusión de Israel en el pueblo redimido en el futuro. **Si una rama de un olivo silvestre puede ser injertada en un olivo cultivado que es de naturaleza diferente, cuanto más pueden las ramas del olivo cultivado ser reinjertadas en la planta**. El argumento se basa, no en la práctica normal, sino en la lógica de la correspondencia por naturaleza entre ramas y planta.*[196]

---

[196]   Cevallos (2006). Destacados en negrita del autor.

Me parece que el *Comentario Bíblico del Continente Nuevo* lo explica de forma más clara y concisa cuando dice:

Dios es severo para con los israelitas que permanecen en incredulidad, pero es bondadoso para con los gentiles que permanecen en la fe (v. 22). El v. 23 anticipa que si los israelitas dejan su incredulidad, volverán a ser injertados por Dios. Esto es lo que finalmente sucederá, según se anuncia a partir del v. 25.

Pablo concluye esta parte de su argumentación, señalando que **el injerto de los gentiles en el tronco de Israel ha sido contra naturaleza, ya que lo normal es injertar una rama buena en un árbol silvestre, no viceversa.** *Además, como demostración de que el rechazo de Israel no es definitivo, agrega que Dios –poderoso para volverlos a injertar– injertará a los israelitas en su propio olivo (vv. 23, 24).*[197]

Como habrá podido notar en las tres referencias anteriores,[198] las palabras (G5449) *"fúsis* y (G3844) *pará* (G5449) *fúsis* utilizadas en Romanos 1:26-27 nada tienen que ver con las llamadas "leyes de la naturaleza". Los diccionarios y comentarios presentados aquí, entre otros, ni mencionan ni se refieren a ellas. Sin embargo lo que sí encontramos son referencias a lo que los hombres tienen o traen de por sí desde su nacimiento, al origen natural de los hombres en relación con el lugar donde nacen, a las costumbres culturales, la común opinión, al sentido común, a la práctica común, lo normal y la anormalidad de las cosas.

Desde nuestra perspectiva moderna actual, sería más razonable utilizar palabras como "normal", "anormal", "usual", "inusual", "común" o "poco común", por dar algunos ejemplos, para explicar los textos donde aparecen las palabras "natural", "naturaleza" y "contranaturaleza", por la ambigüedad que demuestra la definición de estas palabras cuando se utilizan en los textos bíblicos referidos.

---

[197]   Somoza (1997). Destacados en negrita del autor.
[198]   Gálatas 2:15, 1 Corintios 11:14-15 y Romanos 11:23-24.

Otras de las palabras usadas en Romanos 1:27 es la palabra griega *katergazomai*. De acuerdo con el rev. Bob Arthur, quien fuera asistente del decano de la universidad Bob Jones y erudito en los lenguajes griego y semítico "la palabra *ergazomzai* significa trabajar, concluir o llevar a cabo. Pero cuando la preposición *kat* le acompaña, indica una energía extrema requerida para completar el acto al que se refiere".

En palabras sencillas, se puede decir que *katergazomai* se refiere a "llevar a cabo" (tal cosa [acto sexual]) "forzadamente".

Esto indicaría una violación de las tendencias naturales de ese hombre (heterosexual) al tener relaciones sexuales con otro hombre (heterosexual u homosexual). Cabe la posibilidad también de que la selección de este verbo específico se refiera a un acto de violación. De todas maneras, un hombre homosexual, cuya preferencia es otro hombre, seguramente no requerirá *katergazomai* para llevar acabo el acto sexual con este.

Boswell señala:

Pero hay algo más importante aún: las personas que Pablo condena son manifiestamente no homosexuales. Lo que Pablo critica son los actos homosexuales realizados por personas aparentemente heterosexuales. En realidad, el propósito general de Romanos 1 es estigmatizar a las personas que han rechazado su inclinación, que han abandonado la senda que una vez siguieron.[199]

Otros eruditos han interpretado este pasaje de Romanos 1 como haciendo referencia a personas que deciden concientemente tener relaciones sexuales en alguna manera que no es normal para ellos. Normalmente los homosexuales y lesbianas no se ven atraídos por elección conciente hacia un miembro de su mismo sexo. Así que ellos requerirían *katergazomai* para establecer una relación heterosexual por tenerla que hacer forzadamente.

El uso de otra palabra griega *afíemi* en el versículo 27 de Romanos 1 fortalece la imagen de una selección con-

---

[199]   Boswell (1998, p. 106).

ciente. O sea que estos hombres eran concientes de que lo que estaban haciendo estaba en contra de lo que para ellos era normal. Esta es la palabra que se traduce "dejando". El *Diccionario Expositivo de Palabras del Antiguo y del Nuevo Testamento Exhaustivo* de Vine define **afiemi** así:

afiemi (número G863, Léxico Strong's), [apo, de (partitivo), e iemi, enviar], tiene tres significados principales: (a) enviar, despedir, perdonar; (b) permitir, dejar, consentir; (c) dejar, dejar solo, abandonar, descuidar. Se traduce con el verbo dejar (c), en Mt 4.11; 4.20,22, y pasajes paralelos; 5.24; 8.15, y pasajes paralelos; 8.22: "deja que los muertos entierren a sus muertos", y el pasaje paralelo; 13.36. Se traduce "despedida" (18.12; 19.27, y pasajes paralelos: "hemos dejado"; igualmente los vv. 29; 22.22,25; 23.23: "dejáis", y "sin dejar"; 23.38, y el pasaje paralelo; 24.2: "quedará", RV: "será dejada"; 40,41, y pasajes paralelos; 26.44,56: "dejando"; Mc 1.18: "dejando"; 1.31: "dejó"; 7.8: "dejando"; 8.13; 10.28,29; 12.12,19-22; 13.34; Lc 12.39: "dejaría"; Jn 4.3 "salió", RV: "dejó", 28,52; 8.29; 10.12; 14.18,27; 16.28,32; Ro 1.27; 1 Co 7.11,12: "abandone", RV: "despida", v. 13: "abandone", RV: "deje"; Heb 2.8; 6.1; Ap 2.4). Véanse abandonar, consentir, despedir, entregar, perdonar, permitir, quedar, remitir, salir.[200]

Si usted lee el texto de Romanos 1 desde el versículo 18, descubrirá que Pablo declara que esta "anormal" actividad homosexual y los demás pecados de la lista (v. 29-31) son el resultado de la idolatría. La enseñanza central aquí es que la deidad y el eterno poder de Dios **"se hacen claramente visibles desde la creación del mundo, siendo entendidas por medio de las cosas hechas" (ver. 20).** O sea, son obvias para todo el que mire alrededor, pero los hombres, con todo y esto, con-

---

[200] Vine (1999). Destacados en negrita del autor.

cientemente dieron sus espaldas a Dios y deliberadamente **"se hicieron necios"** (ver. 22) y **"cambiaron la gloria del Dios incorruptible en semejanza de imagen de hombre corruptible, de aves, de cuadrúpedos y de reptiles"** (ver. 23). Es precisamente a estos **"necios"** que Dios dirige su ira entregándolos a la inmundicia y a las *concupiscencias* de sus corazones.

La palabra *concupiscencia* es definida como "deseo desordenado o salido de cauce legítimo".[201] Incluso, "denota un intenso deseo de cualquier tipo... se refiere a aquellos malos deseos que están listos para expresarse en una actividad corporal... frase que describe las emociones del alma, la tendencia natural hacia lo malo. Tales concupiscencias no son necesariamente ruines e inmorales; pueden ser de carácter refinado, pero son malas si son incoherentes con la voluntad de Dios".[202]

Las cosas hoy día no han cambiado. Cualquier cosa que usted ame más que a Dios es un ídolo. La lujuria es una forma de amor... pero mal dirigido... errado. "Se usa generalmente en el sentido de pasión carnal desordenada".[203]

Para los homosexuales y lesbianas verdaderamente cristianos que aman a Dios sobre todas las cosas, estos versos no se aplican. Para un cristiano, Dios es primero en su vida y todos los demás deseos están subordinados a Él. El sexo *no* es su dios así que no caen bajo la condenación de Romanos 1.

Los actos homoeróticos en el pasaje de Romanos 1:26-27 son el resultado de la idolatría y posiblemente estaban relacionados con personas heterosexuales que al participar en estos ritos idolátricos paganos se prestaban a tener relaciones homosexuales, yendo así en contra de su heterosexualidad. Así que realmente sería "contranatura", "anormal", "inusual" o "poco común" para un homosexual tratar de vivir como heterosexual.

---

[201]   Nelson y Mayo (1998).
[202]   Vine (1999).
[203]   Douglas (1982).

Capítulo VII
Corintios

Carta escrita por el apóstol Pablo a los cristianos de Corinto. Esta ciudad romana situada a unas 40 millas al oeste de Atenas y al sur de Grecia era rica en comercio y la prostitución cúltica se practicaba en gran manera. En el templo pagano de la diosa Afrodita se llevaban a cabo actos sexuales como parte de la religión. Ese templo era muy conocido por sus mil mujeres y hombres dedicados a la prostitución. La prostitución masculina era un negocio lucrativo en las calles y burdeles donde los niños eran comprados en el mercado de esclavos y castrados para preservar su apariencia juvenil y, de esta manera, servir a sus amos.

Corinto y Éfeso eran consideradas en aquella época como las capitales del sexo. Sobre Éfeso hablaremos más adelante. Según el *Diccionario Bíblico Arqueológico*:

*Debido a su posición favorable en los dos puertos Corinto era uno de los grandes puertos marítimos de la antigua Grecia. Su puerto oriental, Cencrea, estaba en el golfo Sarónico, un brazo del mar Egeo; su puerto occidental, Lechaeum, estaba sobre el golfo de Corinto, un brazo del mar Jónico. Así Corinto servía como el cruce entre el oriente y el occidente. **Tenía la reputación de una moral corrompida hasta el punto de que la expresión "muchacha corintia" vino a significar "prostituta" y el verbo "vivir como un corintio" significaba vivir una vida disoluta. La prostitución ritual en el templo de Afrodita** en la Acrópolis de Corinto (denominada acrocorinto) era en parte responsable de esta reputación. De acuerdo con Strabo (VII. 378-*

*82), que visitó la ciudad poco después de su restauración por los romanos en el 44 antes de J.C., **había cerca de mil sacerdotisas esclavas del templo en Corinto.***[204]

También concuerda en esto el *Nuevo Diccionario de la Biblia,* cuando dice:

*La mezcla de culturas era muy pronunciada, como puede verse por las distintas deidades que se adoraban, contándose entre ellas muchas orientales, como Isis y Serapis, **pero el santuario principal era el de la diosa Afrodita**, situado en la Acrópolis, **donde había más de mil prostitutas "sagradas" ejerciendo su oficio**. De ahí la fama de **C.** por su promiscuidad. Tanto así, que la expresión "una muchacha corintia" vino a ser equivalente a mujer de malas costumbres. Y "ser un corintio" casi equivalía a libertino y borracho.*[205]

Es en la primera epístola de Pablo a los Corintios que encontramos otro de los textos utilizados en contra de las comunidades homosexuales. Veamos cómo lee.

1 Corintios 6:9

9¿No sabéis que los injustos no heredarán el reino de Dios? No erréis; ni los fornicarios, ni los idólatras, ni los adúlteros, ni los afeminados (G3120 malakós), ni los que se echan con varones, (G733 arsenokoítes).[206]

Este pasaje bíblico contiene dos palabras griegas clave que se han traducido de muchas maneras. Pablo condena a los *malakós* y a los *arsenokoítes*. Estas dos palabras se han traducido al inglés y al español como "afeminados" y "homosexuales", respectivamente. En algunas traducciones se han vertido

---

[204] Pfeiffer (1993). Destacados en negrita del autor.
[205] Lockward (2003). Destacados en negrita del autor.
[206] Reina-Valera (1960). Destacados en negrita del autor.

como homosexuales practicantes; en otros como pervertidos y en otras se han consolidado en una sola palabra: "sodomitas".

Horner reporta:

Había un juego popular entre los romanos, en el cual una serie de fichas se colocaban a ambos lados del tablero, con virtudes y vicios. No se sabe con certeza cómo se jugaba, pero por los fragmentos encontrados en varios museos, los vicios (aquellos que los romanos consideraban perversos) preponderaban sobre las virtudes. Estaban escritas en el latín vulgar, lo que indica que el juego debió haber sido popular entre la gente común.[207]

Horner cita a Adolf Deissmann en su libro *Light from the Ancient East: The New Testament Illustrated by Recently Discovered Texts of the Graeco-Roman World*, declarando que estas fichas usadas en el juego romano "tuvieron una influencia directa sobre Pablo cuando compuso el siguiente pasaje bíblico: "*[9]¿No sabéis que los injustos no heredarán el reino de Dios? No erréis; ni los fornicarios, ni los idólatras, ni los adúlteros, ni los afeminados, ni los que se echan con varones, [10]ni los ladrones, ni los avaros, ni los borrachos, ni los maldicientes, ni los estafadores, heredarán el reino de Dios*". [208]

Ya sea que Pablo utilizó la lista o conociéndola fuese influenciado por ella, la verdad es que Pablo estaba usando una lista de vicios comúnmente conocida para la audiencia a la cual se dirigía. La influencia de Roma en Corinto era enorme y el apóstol conocía la cultura romana, sabía cómo hablarles y qué decirles.

La palabra ***malakós*** es una muy común, literalmente significa "suave" o, como se usa en Mateo 11:8, "delicada". En otras partes del Nuevo Testamento se ha traducido como "enfermedad". Boswell afirma:

---

[207]   Horner (1978, p .93). La traducción es nuestra.

[208]   Deissmann (1927, pp. 319-324). En Reina-Valera (1960), 1 Co 6:9-10.

En Grecia nunca se usa el término para designar a los gays como grupo, ni siquiera en referencia genérica a los actos homosexuales, y lo mismo ocurre en los escritos contemporáneos con las epístolas paulinas en referencia a personas o a actividades heterosexuales.[52]

Más relación con el tema tiene la tradición unánime de la Iglesia a través de la Reforma, y del catolicismo hasta bien entrado el siglo XX,[53] según la cual el término se aplicó a la masturbación. Esta no era tan solo la interpretación de los greco parlantes nativos durante comienzos de la Edad Media,[54] sino también de los teólogos que más contribuyeron a la estigmatización de la homosexualidad.[55] La transformación que experimentó en el siglo XX la traducción de esta palabra no se basa en nuevos datos textuales, sino tan solo en un cambio en la moral popular. Puesto que es muy poca la gente que sigue considerando que la masturbación impediría el ingreso en el cielo, se ha desplazado simplemente la condena a un grupo todavía objeto de tan amplio desprecio que su exclusión no perturba ni a traductores ni a teólogos.[209]

Luego, en otra parte de su libro, indica:

*La idea de que la asociación de la palabra ιαθαηόξ (**malakós**) con "afeminamiento" liga la primera a la homosexualidad es una idea errónea. En el mundo antiguo no se veía a los hombres gays como "afeminados", a menos que, además de ser gays, exhibieran características femeninas. Los autores antiguos llamaban "afeminados" a muchos varones heterosexuales, y en la literatura antigua no hay conexión esencial entre un estilo de conducta inapropiado al sexo y la preferencia específica de objeto sexual. Las fuentes patrísticas no usan en ningún caso ιαθαηόξ (**malakós**) por "afeminado".*[210]

Boswell explica que para "afeminado" se empleaban otros términos porque **malakós** se asociaba a la masturbación o a la laxitud moral general. Así que lo más probable es que

---

[209]   Boswell (1998, p. 105). Añadimos malakós para facilitar la lectura.
[210]   Boswell (1998, p. 334). Añadimos malakós para facilitar la lectura.

la alusión a **malakós** se refiera a personas *carentes de disciplina* o *control moral*. Existen otras conclusiones aceptadas aquí, donde la palabra **malakós** no se refiere a las actividades sexuales entre personas del mismo sexo, sino a la condenación general al aflojamiento moral y al comportamiento malvado, perverso, depravado y lujurioso.

Veamos ahora cómo Pablo utiliza la palabra **malakós** (G3120) y **malakía** (G3119) en otras referencias bíblicas. El primer ejemplo que traigo a su consideración se encuentra en Mateo 11:8. La palabra utilizada en esta referencia, (G3120) **malakós**, es la misma que se usa en 1 Corintios 6:9. Fíjese en el uso que el apóstol da a la palabra y compare además algunas traducciones bíblicas aquí incluidas.

MATEO 11:8

8¿O qué salisteis a ver? ¿A un hombre cubierto de vestiduras delicadas (G3120 malakós)? He aquí, los que llevan vestiduras delicadas (G3120 malakós), en las casas de los reyes están.[211]

8Pero si no, ¿qué salieron a ver? ¿Un hombre ataviado con ropas **elegantes**? *He aquí, los que se atavían con ropas* **elegantes** *están en los palacios.*[212]

8Pero, ¿qué salieron a ver? ¿Un hombre vestido con ropas **finas**? *Miren, los que usan ropas* **finas** *están en los palacios de los reyes.*[213]

---

[211]   Reina-Valera (1960). Destacados en negrita del autor.

[212]   La Biblia Peshitta y la Biblia Aramea. Destacados en negrita del autor.

[213]   Lockman Foundation (2005). Destacados en negrita del autor.

*⁸Y si no, ¿qué salieron a ver? ¿Un hombre vestido **lujosamente**? Ustedes saben que los que se visten **lujosamente** están en las casas de los reyes.*[214]

⁸¿Qué salisteis a ver, si no? ¿Un hombre elegantemente vestido? ¡No! Los que visten con elegancia están en los palacios de los reyes.[215]

⁸¿No? ¿Entonces, qué salieron a ver? ¿Alguien que estaba bien vestido? Gente bien vestida la encuentran en los palacios de los reyes.[216]

En este segundo ejemplo, Pablo utiliza la palabra *malakía* (G3119), una variante de (G3120) *malakós* que significa "suavidad", "depresión" (debilidad) y "dolencia". Fíjese en el uso de este vocablo y compare además algunas traducciones bíblicas aquí incluidas.

Mateo 4:23

*²³Y recorrió Jesús toda Galilea, enseñando en las sinagogas de ellos, y predicando el evangelio del reino, y sanando toda enfermedad y toda **dolencia** (G3119 **malakía**) en el pueblo.* (L)[217]

---

[214] La Santa Biblia Dios Habla Hoy (1996). Destacados en negrita del autor.

[215] La Santa Biblia (versión "Biblia de Jerusalén", 1976). Destacados en negrita del autor.

[216] Ascunce (2003). Destacados en negrita del autor.

[217] Reina-Valera (1960). Destacados en negrita del autor.

²³Y Jesús iba por toda Galilea enseñando en sus sinagogas, proclamando el Evangelio del reino, y sanando toda enfermedad y **dolencia** *entre el pueblo.*[218]

²³Y anduvo al través de toda la Galilea, enseñando en las sinagogas de ellos y predicando el evangelio del reino y sanando toda enfermedad y toda **flaqueza** *en el pueblo.*[219]

²³Y recorrió Jesús toda la Galilea, enseñando en las sinagogas de ellos, y proclamando la buena nueva del reino, y sanando toda dolencia y toda **enfermedad** *entre el pueblo.*[220]

¡Qué mucho puede llegar a cambiar el significado de una palabra cuando es sometida a prejuicios culturales e históricos! De, *suave* a *delicadas* a *lujosamente, elegante, finas, dolencia, enfermedad* y luego a... *¡homosexual!*

¿Qué tiene que ver la textura de una tela, ya sea suave, delicada o lujosa, con el amor que pueda sentir una persona por otra de su mismo sexo y el deseo de compartir una vida madura, productiva, estable y comprometida?

La otra palabra en 1 Corintios 6:9 **arsenokoítes**, según los letrados, es aún más difícil de explicar. Solo se ha usado aquí y en 1 Timoteo 1:10. Es un vocablo bien raro en otras literaturas contemporáneas. Así que los estudiosos han dejado su posible significado a la especulación. Se compone de dos palabras griegas que denotan "varón", **arren** o *ársen*, y "cama" o "diván", **koíte**. Boswell, hablando sobre este vocablo, indica lo siguiente:

---

[218]　La Biblia Peshitta y la Biblia Aramea. Destacados en negrita del autor.

[219]　La Sagrada Biblia (versión de la Septuaginta en español, 1992). Destacados en negrita del autor.

[220]　Versión Moderna (1929). Destacados en negrita del autor.

La afirmación de que es "obvio" que esta palabra significa "homosexual" constituye un desafío a la evidencia lingüística y al sentido común. La segunda parte del compuesto, ηµζηαζ (koíte), es una palabra grosera que denota en general actividades sexuales deshonestas o licenciosas (véase Rom., 13: 13), y tanto en este como en otros compuestos corresponde a la palabra inglesa vulgar fucker, esto es, una persona que, por penetración, adopta el papel "activo" en el coito. El prefijo ανζεκµ (ársen)- significa pura y simplemente "macho". Su relación con la segunda parte del compuesto es ambigua: en inglés vulgar, el compuesto significa male fuckers, pero esta expresión es ambigua, pues tanto puede significar "folladores de machos" como "folladores machos".[221]

Luego más adelante añade:

Tal vez la prueba más amplia de que, en la época de Pablo, "ανζεκµηµζηαζ (arsenokoitai) no connotaba "homosexual", y ni siquiera "sodomía", es la que ofrece el inmenso volumen de documentos sobre el tema de la sexualidad homoerótica escritos en griego y en los que este término no aparece. Es extremadamente difícil creer que si la palabra significaba realmente "homosexual" o "sodomita", ningún autor anterior o contemporáneo la hubiera empleado de una manera que implicara claramente esa conexión.[222]

Algunos teólogos han concluido que probablemente Pablo se refería a la prostitución masculina y *pederastia*.[223] La prostitución homosexual, de acuerdo con la mayoría de los letrados (eruditos) y textos antiguos, era rampante a través de aquella parte del mundo, tanto en y fuera de la adoración cúltica. La homosexualidad como tal era tan común en la literatura contemporánea a Pablo bien

---

[221]   Boswell (1998, p. 336). Añadimos ársen y koíte para facilitar la lectura.

Relaciones sexuales de hombres adultos con niños.

[222]   Boswell (1998, p.337). Añadimos arsenokoitai para facilitar la lectura.

[223]   Relaciones sexuales de hombres adultos con niños.

pudo haber usado cualquier cantidad de palabras si hubiera querido condenar la homosexualidad en general, pero no lo hizo.

A continuación, incluyo algunas versiones del texto de 1 Corintios 6:9 para su comparación.

1 Corintios 6:9

> *9-10¿No saben ustedes que los que cometen injusticias no tendrán parte en el reino de Dios? No se dejen engañar, pues en el reino de Dios no tendrán parte los que se entregan a la prostitución, ni los idólatras, ni los que cometen adulterio, ni los afeminados (G3120 malakós), ni los homosexuales (G733 arsenokoítes), ni los que roban, ni los avaros, ni los borrachos, ni los maldicientes, ni los ladrones.*[224]

> *9¿No saben acaso que los injustos no heredarán el Reino de Dios? No se engañen: ni los que tienen relaciones sexuales prohibidas, ni los que adoran a los ídolos, ni los adúlteros, ni los homosexuales y los que sólo buscan el placer.*[225]

> *9¿O no sabéis que injustos de Dios el reino no heredarán? No erréis: ni rameros, ni idólatras, ni adúlteros, ni muelles*[226] *(e), ni concubinarios masculinos (f).*[227]

---

[224]   Dios Habla Hoy. La Biblia de Estudio (1998). Destacados en negrita del autor.

[225]   Biblia Latinoamericana (1995) Destacados en negrita del autor.

[226]   Esta versión de la Septuaginta al Español por Guillermo Jünemann traduce la palabra malakós (G3120) como "muelles". Esta palabra significa, entre otras cosas, "blando", "suave", como cuando se usa en la expresión "es un sillón muy muelle", también se dice del modo de vida relajado y orientado a los placeres sensuales, según se dice "a todo el mundo le gustaría llevar una vida muelle".

[227]   La Sagrada Biblia (versión de la Septuaginta en español, 1992). Destacados en negrita del autor.

9¿No saben que los injustos no tendrán parte en el Reino de Yahweh? No se engañen a sí mismos; las personas que tienen sexo antes del matrimonio, los que adoran ídolos, los afeminados y homosexuales.[228]

9¿Acaso no sabéis que los injustos no heredarán el reino de Dios? No os engañéis; ni los fornicarios, ni los idólatras, ni los adúlteros, ni los afeminados, ni los sodomitas.[229]

Para todo cristiano nacido de nuevo, el listado que hace el apóstol Pablo en 1 Corintios 6:9 debe servir de recordatorio. Absolutamente todas las personas que llegan al cristianismo llegan con distintos trasfondos y todos ellos fueron absolutamente perdonados cuando arrepentidos llegaron a los pies del Maestro. Sin embargo, el mensaje del apóstol apunta hacia la nueva naturaleza producida al nacer de nuevo. Este efecto no discrimina entre cristianos heterosexuales y homosexuales. El nuevo nacimiento produce los mismos resultados en ambos. Todo cristiano tiene la capacidad de pecado, pero no el deseo. Siempre existe la posibilidad de que un cristiano vuelva a pecar. Pero si peca, puede confesarle a Dios su pecado, levantarse y seguir adelante. La verdad que lo hizo libre sigue siendo verdad a pesar del tropiezo. Esta verdad es absoluta y el que predique otra cosa está en contra de la Palabra de Dios.

Antes del nuevo nacimiento, el apetito de la carne era hacia las cosas de la carne, mas ahora, el nuevo deseo es hacia las cosas de Dios. El hambre por conocerle, obedecerle, complacerle, agradarle y conocer Su Palabra domina a la nueva criatura. La lista de Pablo les recordaba a los creyentes algu-

---

[228]   Ascunce (2003). Destacados en negrita del autor.
[229]   Versión Moderna (1929). Destacados en negrita del autor.

nos de los pecados que una vez dominaron sus vidas pero les recordó igualmente lo que Jesús había hecho por ellos: *"¹¹Y esto erais algunos; mas ya habéis sido lavados, ya habéis sido santificados, ya habéis sido justificados en el nombre del Señor Jesús, y por el Espíritu de nuestro Dios"*.[230] El cristiano es ahora una nueva criatura: *"¹⁷De modo que si alguno está en Cristo, nueva criatura es; las cosas viejas pasaron; he aquí todas son hechas nuevas"*.[231] Así los cristianos homosexuales nacidos de nuevo experimentan las mismas cosas y producen el mismo fruto que sus hermanos heterosexuales.

Quiero aclarar aquí lo siguiente. Los cristianos homosexuales nacidos de nuevo no pecan por ser homosexuales ni por llevar una vida comprometida, honesta, responsable y amorosa con su pareja del mismo sexo, sin embargo, al igual que todo cristiano y a pesar de su nueva naturaleza, existe la capacidad de pecar y deben mantenerse alertas como advierte nuestro Señor: *"⁸Sed sobrios, y velad; porque vuestro adversario el diablo, como león rugiente, anda alrededor buscando a quien devorar"*. Su mensaje consolador nos recuerda que nuestra lucha no es única ni exclusiva: *"⁹Al cual resistid firmes en la fe, sabiendo que los mismos padecimientos se van cumpliendo en vuestros hermanos en todo el mundo"*. Sino que más bien tiene un propósito eterno que escapa a nuestra total comprensión: *"¹⁰Mas el Dios de toda gracia, que nos llamó a su gloria eterna en Jesucristo, después que hayáis padecido un poco de tiempo, él mismo os perfeccione, afirme, fortalezca y establezca"*.[232] Como ministro del evangelio de Jesucristo, esta es la pastoral que practico y enseño.

---

[230]   Reina-Valera (1960), 1 Co 6.11.
[231]   Ibídem, 2 Co 5.17.
[232]   Ibídem, 1 P 5.8-10.

Capítulo VIII
Timoteo

El *Nuevo Diccionario Bíblico* declara:

Las dos epístolas a Timoteo, y la dirigida a Tito, comúnmente agrupadas bajo la designación de *epístolas pastorales, pertenecen al período final de la vida de Pablo, y proporcionan información valiosa acerca de los pensamientos del gran apóstol misionero cuando se prepara para delegar sus funciones en otros. Están dirigidas a dos de sus colaboradores más cercanos, y por esta razón ofrecen un tipo diferente de correspondencia paulina, en comparación con las epístolas más tempranas dirigidas a iglesias... (En griego, temeroso de Dios*). Hijo espiritual (2 Ti 2.1), compañero y ayudante (Flp 2.19–22) de Pablo. Nació en Listra de madre judía (→ Eunice) y padre griego (Hch 16.1; 2 Ti 1.5). Fue altamente estimado por los hermanos en Listra e Iconio (Hch 16.2). No se sabe cuándo se convirtió pero se supone que fue durante el primer viaje de Pablo, cuando pudo presenciar los sufrimientos del apóstol (2 Ti 3.11).*[233]

El *Nuevo Diccionario Ilustrado de la Biblia* de Nelson añade: "Al separarse Bernabé y Pablo, este tomó a Timoteo para reemplazar a Juan Marcos (Hch 15.36ss). Pablo lo circuncidó (Hch 16.3). Cuando Pablo tuvo problemas en Tesalónica y en → Berea, Timoteo se quedó allí con → Silas mientras Pablo se trasladaba a Atenas (Hch 17.14)". Más adelante leemos: "Cuando Pablo salió de la prisión y reanudó la actividad

---

[233]   Douglas (2000).

misionera en el este, dejó a Timoteo en Éfeso (1 Ti 1.3) y le encargó la reorganización de la iglesia".[234]

A continuación hallará el otro texto donde Pablo condena a los **arsenokoítes** (G733), solo son dos en todo el Nuevo Testamento, y en este contexto se utiliza junto a otras dos palabras griegas, **pórnos** (G4205) y **andrapodistais** (G405).

1 Timoteo 1:10

> [10]*Para los **fornicarios** (G4205 **pórnos**), para los **sodomitas** (G733 **arsenokoítes**), para los **secuestradores** (G405 **andrapodistés**), para los mentirosos y perjuros, y para cuanto se oponga a la sana doctrina.*[235]

Examinemos el panorama o contexto cultural histórico en el que se escribe el texto que nos atañe. Había mencionado anteriormente, al examinar 1 Corintios 6:9, que Éfeso era una importante ciudad, y era considerada una de las capitales sexuales de aquella época. Timoteo llegaría a ser líder, obispo **episkopoi** o "superintendente" de la Iglesia.[236] Existía allí el templo a Artemisa (Diana). Hoy en día ese templo no queda en pie, pero Horner reporta que una de las primeras estructuras que se les señalaban a los visitantes de la ciudad era la puerta a la casa de prostitución: "Estaba marcada con un tremendo pene erecto en piedra con la inscripción, *Priapus* el dios del sexo. Cuando uno en efecto ha visto tal cosa, es mucho más fácil imaginar la intima conexión entre religión y sexo en los días de Pablo".[237]

---

[234] Nelson y Mayo (1998).
[235] Reina-Valera (1960). Destacados en negrita del autor.
[236] Douglas (1982).
[237] Horner (1978, p. 140, nota 1). La traducción es nuestra.

Sobre Diana, el *Nuevo Diccionario Ilustrado* de la Biblia nos dice:

Diana. *Nombre latino de la diosa más célebre de Asia Menor, llamada Artemisa por los griegos... Diana de Éfeso (Hch 19.23–41) se parecía a → ASTAROT o a → ASTORET; era la diosa madre, símbolo de fertilidad y dadora de los alimentos. Probablemente los efesios la veneraban con ritos impuros y prácticas misteriosas y mágicas. Se creía que la imagen original cayó del cielo (Hch 19.35), lo que tal vez indica que el ídolo se formó con material de un meteorito. Por lo general, a Diana la representaban de la cintura a los pies por un trozo cónico de madera, con busto de mujer cubierto con muchos pechos, la cabeza coronada con torrecillas y cada una de sus manos apoyada en un báculo.*

El templo de Diana tenía ciento treinta y tres metros de largo y setenta y cuatro de ancho. Lo sostenían ciento veintisiete columnas jónicas hechas de mármol blanco, cada una con dieciocho metros y medio de altura. Se reconstruyó en tiempo de Alejandro Magno con la ayuda de todas las ciudades griegas del Asia. Era una de las siete maravillas del mundo y orgullo de los efesios (Hch 19.27–34)... Los templecillos de Diana hechos por ⊠ DEMETRIO *y otros plateros se vendían como fetiches o recuerdos, y representaban un negocio de grandes ganancias (Hch 19.24). Algunas copias hechas de terracota o mármol se conservan hasta hoy. En el mes de Artemisión (abril-mayo), peregrinos de toda Asia Menor acudían a las fiestas de Diana.*[238] El *Nuevo Diccionario Bíblico Certeza* recoge algunos datos sobre el Gran Teatro de Éfeso: "Se calcula que el gran teatro construido en el monte Pión en el centro de la ciudad tenía capacidad para unas 25.000 personas".[239]

Debe recordar que fue por causa de esta diosa (Diana) que ocurrió el tumulto de Hch. 19:23-41. El *Comentario de la*

---

[238]   Nelson y Mayo (1998).
[239]   Douglas (1982).

Biblia por Matthew Henry resume brevemente lo ocurrido diciendo:

La gente que venía desde lejos a rendir culto en el templo de Éfeso, compraba pequeños santuarios de plata o modelos del templo, para llevárselos a casa. Nótese aquí cómo los artesanos se aprovechan de la superstición de la gente, y sirven sus propósitos mundanos con ello. Los hombres son celosos de aquello por lo cual obtienen sus riquezas, y muchos se ponen en contra del evangelio de Cristo porque saca a los hombres de todas las malas artes, por mucha que sea la ganancia que obtengan con ellas. Hay personas que defienden lo que es más groseramente absurdo, irracional y falso con que solo tenga de su lado el interés mundano, como en este caso en que aquellos eran dioses hechos con sus propias manos. Toda la ciudad estaba llena de confusión, que es el efecto común y natural del celo por la religión falsa. El celo por el honor de Cristo, y el amor por los hermanos, exhorta a los creyentes celosos a correr peligros. A menudo surgen amigos de entre aquellos que son ajenos a la verdadera religión, pero que han visto la conducta honesta y coherente de los cristianos.[240]

El *Comentario Exegético y Explicativo de la Biblia* argumenta lo siguiente sobre los versículos 24-26 explicando:

(Demetrio) hacía de plata templecillos de Diana. Es decir, pequeños modelos del templo efesio y del santuario o capilla de la diosa, o del altar y la diosa solos, que compraban los visitantes como recuerdos de lo que habían visto, o que llevaban sobre la persona o depositaban en las casas como amuletos. (Los modelos de la basílica de Nuestra Señora de Loreto, y cosas semejantes que la Iglesia de Roma sistemáticamente fomenta, son una imitación tan palpable de esta práctica pagana que no debe sorprender a uno el que esta religión sea considerada por jueces imparciales como un cristianismo paganizado). A los cuales, reunidos con los oficiales de semejante oficio –más

---

[240]   Henry (2003).

bien, "con los obreros (o fabricantes) del mismo gremio", todos los que fabricaban, para vender, cualquier suerte de recuerdos del templo y del culto. Y veis y oís–Las evidencias eran visibles, y el rumor estaba en la boca de todos. Este Pablo, no solamente en Éfeso, sino a muchas gentes de casi toda el Asia, ha apartado–¡Noble testimonio este del alcance de la influencia de Pablo! diciendo que no son dioses los que se hacen con las manos–La creencia universal del pueblo era que eran dioses, aunque los más inteligentes solo los creían ser habitaciones de la deidad. Y algunos, probablemente, como ayudas a la devoción. Es precisamente así en la iglesia de Roma.[241]

¿Por qué no se condenan con igual fuerza a los que practican la idolatría y la venta de imágenes? ¿No es acaso la práctica actual el mismo tipo de negocio descrito en Hch 19.24? Irónicamente existe más tolerancia por parte de las iglesias protestantes para el catolicismo romano, el Adventismo del Séptimo Día y otras religiones que para aceptar a cristianos homosexuales nacidos de nuevo. Solo por mencionar algunos aspectos de los ejemplos mencionados, el catolicismo romano difiere y se aparta en tantos aspectos fundamentales del cristianismo que resulta imposible reconciliarlos con las enseñanzas bíblicas. El catolicismo romano rinde culto a María, la llaman "la Madre de Dios", enseñan que nació sin pecado original, que María permaneció virgen toda su vida, que es modelo y fuente de la verdadera santidad, sostienen que al morir María, el Señor la llevó al cielo. La llaman por el título de "Reina del Cielo", dicen que se debe orar a María y que ella es mediadora entre Dios y los hombres (a pesar de que Jesús dijo que Él era el único mediador entre Dios y los hombres). Además enseñan acerca del purgatorio, la infalibilidad papal, el culto a las imágenes (idolatría, aunque digan que solo las veneran), la canonización de santos, el culto a los

---

[241]   Jamieson Faussety Brown (2002).

santos, a los ángeles, la penitencia y el sacrificio de la misa para mencionar solo algunas porque hay muchas más. Por otra parte, el Adventismo del Séptimo Día con su sistema legalista desvía la fe en la obra de Cristo para apoyarla en las obras, cuando Jesucristo dejó muy claro que la salvación es por Gracia y no por obras para que nadie se gloríe.

Ya que el vocablo **arsenokoitai** fue discutido en el capítulo anterior, tratemos los otros dos: **pórnos** (G4205), cual puede ser traducida como "hombre que se prostituye con otro por salario", "hombre prostituto" y "el hombre que consiente en actos sexuales ilícitos"; y **andrapodistés** (G405), que puede ser traducida como "traficante de esclavos", "secuestrador", "robador de hombres", "aquel que injustamente reduce a un hombre libre a la esclavitud" y "aquel que roba los esclavos de otro y los vende".

Otros teólogos opinan que **andrapodistés** denota "secuestradores de niños", esto, en referencia a los niños que eran secuestrados y castrados para mantener sus características juveniles. Se sabe históricamente que el emperador Nerón[242] hizo castrar a un niño de 8 años y se casó con él en una elaborada ceremonia pública que debió haber disgustado a muchos judíos y a muchas más personas. Interesante es saber que Nerón fue el quinto emperador de Roma y fue el emperador al que Pablo se refiere en Hch 25.8, 12; 28.19; Ro 13.1–7; Flp 4.22.

Nerón protagonizó la primera persecución imperial contra los cristianos y "hay referencias a ella en 1 P y 2 Ti. La tradición

---

[242] "El emperador Calígula (Suet. *Cal. 36*) estupró públicamente a un muchacho. Después, Nerón, según cuenta Suetonio (*Ner. 28*), castró a un niño para después casarse con él. A su vez, después de haber hecho castrar a un niño llamado Sporo, pretendió también metamorfosearlo en mujer: se lo hizo llevar con su dote y su velo rojo, en un gran cortejo, siguiendo la ceremonia ordinaria de los matrimonios, y lo trató como a su esposa. Este Sporo, vestido y adornado como una emperatriz y llevado en litera, le seguía a todos los centros judiciales y a todos los mercados de Grecia, y luego, en Roma, Nerón lo paseó por el barrio de los Sigillarios, cubriéndolo de besos a cada momento" (Blázquez, 2006, p. 11).

enseña que PEDRO y PABLO sufrieron el martirio durante esta persecución".[243]Así que Pablo sabía muy bien quién era Nerón, las barbaridades que cometía y no me causa ningún problema especular y decir que seguramente supo lo que hizo con el niño de 8 años. Luego se podría interpretar *andrapodistés* como "sexo abusivo", "abuso de niños", "esclavitud sexual". Esta palabra en nada alude al homosexualismo como orientación sexual. Puedo decir sin temor a equivocarme que aquí encontramos a un Pablo muy preocupado por los abusos sexuales y la explotación sexual que se practicaba en aquel tiempo.

Comparemos el texto de 1 Timoteo 1:10 con otras versiones bíblicas.

[10]Para los fornicarios (G4205 pórnos), para los que se contaminan con varones (G733 arsenokoítes), para los ladrones de hombres (G405 andrapodistés), para los mentirosos y perjuros; y si hay alguna otra cosa contraria a la sana doctrina.[244]

[10]Para los fornicarios, para los que se echan con varones, para los secuestradores de hombres nobles, para los falsos, para los perjuros, y para todo lo que sea contrario a la sana doctrina.[245]

[10]Para los proxenetas[246]*; para los homosexuales, comerciantes de esclavos, mentirosos, perjuros y cualquiera que actúe en contra de las sanas enseñanzas.*[247]

---

[243]   Nelson y Mayo (1998).

[244]   *Reina-Valera* (1865). Destacados en negrita del autor.

[245]   La Biblia Peshitta y la Biblia Aramea.

[246]   "Persona que induce a otra a ejercer la prostitución y se beneficia de las ganancias económicas que se obtienen de esta actividad" (2005, Diccionario de Uso del Español de América Vox, Larousse Editorial S.L.). "Alcahuete, encubridor, celestina, tercera, enflautador, macarra, chulo. Macarra y chulo aluden al que trafica con prostitutas y vive de sus ganancias" (2007, Diccionario Sinónimos y Antónimos de la Lengua Española, Vox, Larousse Editorial S.L.).

[247]   Ascunce (2003). Destacados en negrita del autor.

¹⁰Adúlteros, homosexuales, traficantes de seres humanos, mentirosos, perjuros y para todo lo que se opone a la sana doctrina.[248]

¹⁰Rameros, sodomitas, plagiarios[249], *embusteros, perjuros; y si alguna otra cosa a la sana doctrina repugna.*[250]

*¹⁰A los que cometen **inmoralidades sexuales**, a los **homosexuales**, a **los traficantes de esclavos**, a los mentirosos y a los que juran en falso; es decir, a los que hacen cosas que van en contra de la sana enseñanza.*[251]

*¹⁰Para los **adúlteros** y **los que tienen relaciones sexuales entre hombres o con niños**, para los mentirosos y para los que juran en falso. Habría que añadir todos los demás pecados que van en contra de la sana doctrina.*[252]

Qué gama de traducciones diferentes encontramos entre estas versiones bíblicas. Para la palabra ***pórnos*** (G4205), "fornicarios", "proxenetas", "adúlteros", "rameros" e "inmoralidades sexuales"; para ***arsenokoítes*** (G733) hallamos "los que se contaminan con varones", "homosexuales", "sodomitas" y

---

[248]   *La Santa Biblia* (versión "Biblia de Jerusalén", 1976). Destacados en negrita del autor.

[249]   "Apresamiento y retención de una persona para obtener rescate por su libertad" (2005, Diccionario de Uso del Español de América Vox, Larousse Editorial S.L.).

[250]   *La Sagrada Biblia* (versión de la Septuaginta en español, 1992). Destacados en negrita del autor.

[251]   *Dios Habla Hoy. La Biblia de Estudio* (1998). Destacados en negrita del autor.

[252]   *Biblia Latinoamericana* (1995). Destacados en negrita del autor.

"los que tienen relaciones sexuales entre hombres o con niños". Con relación a *andrapodistés* se descubren "los ladrones de hombres", "los secuestradores de hombres nobles", "comerciantes de esclavos", "traficantes de seres humanos", "plagiarios" y "los traficantes de esclavos".

¿Cómo es posible ignorar tanta información? ¿Por qué las iglesias ocultan esta información a sus laicos? ¿Cómo es posible que aún se insista en condenar a la comunidad cristiana homosexual por traer un mensaje de esperanza y querer alcanzar a una comunidad homosexual herida, abandonada, despreciada por las iglesias tradicionales y la sociedad que ella adoctrina?

Mientras los teólogos juegan indiscriminadamente con sus prejuicios, cientos de miles de hombres y mujeres homosexuales pierden la oportunidad de desarrollar una vida íntima y próspera con Dios. No me cabe la menor duda de que tarde o temprano las iglesias se darán cuenta de su inmenso error, pero para muchos será demasiado tarde. Pensando que nunca podrían acercarse el trono de la Gracia, abrazarán cualquier otra falsedad que los acoja, se suicidarán sin encontrar esperanza, sucumbirán ante las drogas o el alcoholismo, se entregarán a la prostitución, serán golpeados y caerán abatidos por los crímenes de odio engendrados por la intolerancia social y religiosa rampante.

En *Bosquejos Expositivos de la Biblia* sobre 1 Timoteo 1:1-11, encontré la siguiente reflección: "Había falsos maestros en Éfeso que trataban de hacerse nombre para sí mismos como maestros de la Ley, pero que no sabían de qué hablaban. Se alejaron de la verdad de la Palabra y daban oído a fábulas (v. 4) e interminables genealogías, provocando más preguntas de las que podían contestar". *¡Qué cuadro de algunos maestros de hoy! Sus "ministerios" no edifican a los cristianos ni a la iglesia local, sino que en lugar de eso promueven argumentaciones y divisiones.* En el versículo 5 Pablo contrasta a los falsos maestros y sus ministerios con el verdadero mayordomo de la gracia de Dios.

El objeto del mayordomo de Dios es ver que las personas se amen unas a otras con un amor que viene de un corazón puro, una buena conciencia y una fe sincera. *¡Pero estos falsos maestros promovían divisiones interminables y charla vacía!*

Pablo le explica a Timoteo la significación de la Ley: "Dios no nos dio la Ley para salvar a las personas, sino para mostrarles cuánto necesitan ser salvos". En los versículos 9-10, Pablo menciona una lista de pecadores que están convictos y condenados por la Ley, y si comparamos esta lista con Éxodo 20, veremos que se incluyen prácticamente los Diez Mandamientos.

Dios les encomendó a Pablo y Timoteo un evangelio glorioso, no un sistema de leyes (2 Co 3-4). "Sana doctrina" (v. 10) literalmente significa "enseñanza saludable", esto es "enseñanza que promueve la salud espiritual".[253] No podría estar más de acuerdo con estas palabras. Ya Dios pedirá cuentas a todos los que han sido piedra de tropiezo para los pequeñitos que desean acercarse a él.

[42] Cualquiera que haga tropezar a uno de estos pequeñitos que creen en mí, mejor le fuera si se le atase una piedra de molino al cuello, y se le arrojase en el mar.[254]

---

[253]   Wiersbe (1995). Destacados en negrita del autor.
[254]   *Reina-Valera* (1960), Mc 9.42.

Capítulo IX
Judas

Este corto libro solo cuenta con un capítulo y aunque no se sabe a ciencia cierta quién es el autor, el que lo escribe señala ser *"Judas, siervo de Jesucristo, y hermano de Jacobo".*[255]Este hermano de Jacobo es hermano de Jesús. En este libro encontramos otro texto, aunque no es muy utilizado, que habla sobre Sodoma y Gomorra:

> [7]*Como Sodoma y Gomorra y las ciudades vecinas, las cuales de la misma manera que aquéllos, habiendo fornicado e ido en pos de vicios* **contra naturaleza***, fueron puestas por ejemplo, sufriendo el castigo del fuego eterno.*[256]

Puede observar aquí el uso de la frase "contra naturaleza" al igual que la versión *Dios Habla Hoy.*

> [7]*Lo mismo que esos ángeles, también Sodoma y Gomorra y las ciudades vecinas se entregaron a la prostitución, y se dejaron llevar por vicios* **contra la naturaleza***. Por eso sufrieron el castigo del fuego eterno y quedaron como advertencia para todos.*[e][257]

---

[255]   Ibídem, Jud 1.1.
[256]   Ibídem, Jud 7. Destacados en negrita del autor.
[257]   *La Santa Biblia Dios Habla Hoy* (1996), Jud 7. Destacados en negrita del autor.

Sin embargo, el uso de esta frase no concuerda con los textos más antiguos. En el griego original del libro de Judas no hay nada que justifique el uso de la frase "contra naturaleza". Observe el texto en otras versiones comparadas.

*[7]Y lo mismo Sodoma y Gomorra y las ciudades vecinas, que como ellos fornicaron y se fueron tras una **carne diferente**, padeciendo la pena de un fuego eterno, sirven de ejemplo.*[258]

*[7]Así también Sodoma y Gomorra y las ciudades circunvecinas, a semejanza de aquéllos, puesto que ellas se corrompieron y siguieron **carne extraña**, son exhibidas como ejemplo al sufrir el castigo del fuego eterno.*[259]

*[7]Como Sodoma y Gomorra y las circunvecinas ciudades, habiendo de semejante modo que éstos[(q)] ramereado e ídose tras **carne otra**; yaciendo están para escarmiento, de fuego eterno pena sufriendo.*[260]

*[7]Como a Sodoma y a Gomorra y a las ciudades circunvecinas, que de la misma manera que aquéllos fornicaron yendo tras **carnes extrañas**, han sido puestas bajo fuego eterno, siendo condenadas a juicio.*[261]

---

[258]   La Santa Biblia (versión "Biblia de Jerusalén", 1976), Jud 7. Destacados en negrita del autor.
[259]   Lockman Foundation (1986), Jud 7Destacados en negrita del autor. Destacados en negrita del autor
[260]   *La Sagrada Biblia* (versión de la Septuaginta en español, 1992), Jud 7. Destacados en negrita del autor.
[261]   La Biblia Peshitta y la Biblia Aramea (Jud 7). Destacados en negrita del autor.

*⁷Así como Sodoma y Gomorra, y las ciudades comarcanas, las cuales de la misma manera que ellos habían fornicado, y habían seguido desenfrenadamente en pos de **otra carne**, fueron puestas por ejemplo, habiendo recibido la venganza del fuego eterno.*[262]

¿Recuerda el uso de las palabras "contra" (G3844 *pará*) y "naturaleza" (G5449 *fúsis*) cuando repasamos el libro de Romanos? Pues, el asunto es que aquí en el versículo 7 de Judas no se utilizan esas palabras. Observe el texto de Judas 7 en la interlineal que aparece a continuación:

Jud 1:7 ως 5613:ADV Tal como σοδομα 4670:N-NPN Sodoma και 2532:CONJ y γομορρα 1116:N-NSF Gomorra και 2532:CONJ y αι 3588:T-NPF las περι 4012:PREP alrededor de αυτας 846:P-APF ellas πολεις 4172:N-NPF ciudades τον 3588:T-ASM a la ομοιον 3664:A-ASM semejante τροπον 5158:N-ASM manera τουτοις 3778:D-DPM a estos εκπορνευσασαι 1608:V-AAP-NPF habiendo cometido inmoralidad sexual con exceso και 2532:CONJ y απελθουσαι 565:V-2AAP-NPF habiendo venido desde οπισω 3694:ADV detrás de σαρκος 4561:N-GSF carne ετερας 2087:A-GSF diferente (uso sexual) προκεινται 4295:V-PNI-3P están yaciendo delante de δειγμα 1164:N-ASN ejemplo πυρος 4442:N-GSN de fuego αιωνιου 166:A-GSN eterno δικην 1349:N-ASF a juicio adverso υπεχουσαι 5254:V-PAP-NPF teniendo bajo.[263]

---

[262]   *Reina-Valera* (1865), Jud 7. Destacados en negrita del autor.

[263]   "Basado en el mundialmente reconocido Texto Maestro de Westcott y Hort cuyo texto sigue sirviendo de base para el estudio de las Escrituras Griegas. Una traducción palabra por palabra del texto griego de Westcott y Hort. Cada palabra o grupo de palabras que se ha traducido es el significado básico de la correspondiente palabra griega. El vocabulario ha sido creado tomando en cuenta que cuando se escribió la Santa Escritura en griego se usó el griego del habla común o del vulgo, no existiendo un vocabulario "cristiano" estandar como hoy, había en griego

Como puede ver, "contra" y "naturaleza" no se utilizan aquí. Las que sí aparecen son σαρκος (G4561 *sárx*), para "carne" y ετερας (G2087 *Jéteros*), para "diferente". Esta combinación de palabras en los textos griegos antiguos y las distintas versiones bíblicas aquí expuestas fueron traducidas como "otra carne", "carne diferente", "carne extraña", "carne otra" y "carnes extrañas". Seguramente influenció la homofobia en aquellos que trabajaron la traducción de este texto asociándolo con el relato de Génesis 19 y ajustándolo a las supuestas prácticas sexuales "contranaturaleza" (*pará fúsis*) de Romanos 1:26,27.

Ahora, recuerde la importancia de mantener las Escrituras en su contexto. El versículo 7 hace referencia al versículo anterior. Dependiendo de la versión que usted utilice, las palabras o frases "como", "lo mismo que esos ángeles", y "lo mismo", "así también", "como a", "así como" y "tal como" indican una comparación entre lo que pasó en Sodoma y lo que ocurrió en el versículo anterior. Así que tenemos que ir al versículo 6. Esta vez incluiré varias versiones para compararlos entre sí.

> [6]*Y a los **ángeles que no guardaron su dignidad**, sino que **abandonaron su propia morada**, los ha guardado bajo oscuridad, en prisiones eternas, para el juicio del gran día.*[264]

---

solamente el vocabulario religioso de la Versión Septuaginta (LXX) que fue básicamente la versión más usada por las congregaciones cristianas primitivas. A veces se ha tenido que usar varias palabras auxiliares en unión con la básica en español para traducir una sola palabra griega para transmitir lo más posible el vigor del texto griego. El texto entre corchetes en el texto griego indica texto que no se encuentra en algunos manuscritos más antiguos. Los corchetes dobles indican que la lectura es dudosa pues no se encuentran en manuscritos de mayor antigüedad y autoridad, por tanto los editores críticos textuales lo marcan como texto dudoso. Los paréntesis en el texto español indican que la palabra entre tales corchetes está implícita en el significado del texto griego. Los textos omitidos son textos que no aparecen en ningún manuscrito bíblico conocido desde el siglo V hacia atrás". (Westcott y Hort Interlineal Griego-Español, Galeed, 2007, 2.a. Destacados en negrita del autor).

[264]   *Reina-Valera* (1960). 1998, Jud 6. Destacados en negrita del autor.

*⁶Y a los **ángeles que no conservaron su debido puesto**, sino que **dejaron su propio hogar**, Dios los retiene en prisiones oscuras y eternas para el gran día del juicio.*[d]265

*⁶Y además que a los **ángeles, que no mantuvieron su dignidad**, sino que **abandonaron su propia morada**, los tiene guardados con ligaduras eternas bajo tinieblas para el juicio del gran Día.*266

*⁶Y a los **ángeles que no conservaron su señorío original**, sino que **abandonaron su morada legítima**, los ha guardado en prisiones eternas, bajo tinieblas para el juicio del gran día.*267

*⁶Y **ángeles, los que no guardaron su principado**, sino, **abandonaron la propia morada**, para juicio del gran día con ataduras sempiternas bajo calígine tiene guardados.*268

*⁶También a los **ángeles que no mantuvieron su dignidad**, sino que **abandonaron su propia morada**, los ha reservado en cadenas ocultas, bajo densas tinieblas hasta el juicio del gran día.*269

---

265   *La Santa Biblia Dios Habla Hoy* (1996), Jud 6. Destacados en negrita del autor.

266   *La Santa Biblia* (versión "Biblia de Jerusalén", 1976), Jud 6. Destacados en negrita del autor.

267   Lockman Foundation (1986), Jud 6. Destacados en negrita del autor.

268   *La Sagrada Biblia* (versión de la Septuaginta en español, 1992), Jud 6. Destacados en negrita del autor.

269   La Biblia Peshitta y la Biblia Aramea (Jud 6). Destacados en negrita del autor.

*"⁶Y que a los **ángeles que no guardaron su origen**, mas **dejaron su propia habitación**, los ha reservado debajo de oscuridad, en prisiones eternas, para el juicio del grande día.*[270]

Según este versículo, lo que sea que hicieron los ángeles en algún momento de su historia fue similar a lo que los habitantes de Sodoma y Gomorra hicieron en su tiempo. El *Nuevo Comentario de la Biblia* nos dice sobre este versículo lo siguiente:

⁶El significado de este versículo está en disputa, ya que hay una referencia similar en (2 P 2.4). Está claro que los ángeles a quienes se refiere Judas no son los santos ángeles de Dios. En cambio, estos ángeles podrían ser aquellos que antes cayeron con Satanás. Algunos piensan que estos ángeles eran "los hijos de Dios" de Gn 6.2, que tomaron forma humana y se casaron con mujeres antes del diluvio. Según esta interpretación, Dios condenó a estos ángeles perversos a las cadenas y la oscuridad, y en la actualidad aguardan el juicio final de Satanás y todos sus ángeles (2 P 2.4).[271]

Sin embargo hay opiniones encontradas. Veamos qué dicen 2da Pedro 2:4 y Génesis 6:1-4 respectivamente:

⁴Porque si Dios no perdonó a los ángeles que pecaron, sino que arrojándolos al infierno los entregó a prisiones de oscuridad, para ser reservados al juicio.[272]

*¹Aconteció que cuando comenzaron los hombres a multiplicarse sobre la faz de la tierra, y les nacieron hijas, ²que viendo **los hijos de Dios** que **las hijas de los hombres** eran hermosas, tomaron para sí mujeres, escogiendo entre todas. ³Y dijo Jehová:*

---

[270]   *Reina-Valera* (1865), Jud 6. Destacados en negrita del autor.
[271]   *Nuevo Comentario Ilustrado de la Biblia* (2003).
[272]   *Reina-Valera* (1960), 2 P 2:4.

No contenderá mi espíritu con el hombre para siempre, porque ciertamente él es carne; mas serán sus días ciento veinte años. **⁴Había gigantes en la tierra en aquellos días,**⁽ᴬ⁾ *y también* **después que se llegaron los hijos de Dios a las hijas de los hombres,** *y les engendraron hijos. Estos fueron los valientes que desde la antigüedad fueron varones de renombre.*[273]

Estos versículos son bien controversiales y existen diversas opiniones entre los estudiosos sobre qué realmente significan. El desacuerdo existe por razón de saber quiénes eran realmente estos "hijos de Dios". Por un lado, algunos opinan que eran seguidores de Dios, por consiguiente, hombres normales, pero si esto fuera verdad, entonces, ¿por qué el autor hace diferencia entre los hijos de Dios y las hijas de los hombres? ¿No hubiera sido suficiente con decir solamente "los hijos de Dios"?

Por otro lado, existe evidencia en las Escrituras donde se les llama "hijos de Dios" a los ángeles. En Job encontramos el siguiente texto: "Un día vinieron a presentarse delante de Jehová **los hijos de Dios,** entre los cuales vino también Satanás".[274] Aquí encontramos a los hijos de Dios acompañados por Satanás presentándose delante del Todopoderoso. Vea que la *Nueva Versión Internacional* y la traducción en lenguaje actual respectivamente traducen "hijos de Dios" como "*ángeles*".

Llegó el día en que los **ángeles**ᵇ *debían hacer acto de presencia ante el Señor, y con ellos se presentó también Satanás.*[275]

El día en que los **ángeles** *tenían por costumbre presentarse ante Dios, llegó también el ángel acusador.*[276]

---

[273] Ibídem, Gn 6:1-4 Destacados en negrita del autor.
[274] Ibídem, Job 1.6 Destacados en negrita del autor.
[275] *Nueva Versión Internacional* (1979), Job 1.6.
[276] Sociedades Bíblicas Unidas (2002), Job 1.6.

Tanto el *Nuevo Comentario Bíblico: Siglo Veintiuno*, el *Nuevo Comentario Ilustrado de la Biblia*, el *Comentario Bíblico Mundo Hispano*, el *Comentario exegético de la Biblia*, la *Biblia de Estudio – LBLA* y la *Biblia Del Diario Vivir*, entre otros, concuerdan en que los *hijos de Dios* aquí mencionados (Job 1:6) hacen referencia a los ángeles, seres celestiales, miembros del consejo celestial o del tribunal (corte) de los ángeles.

Según el relato de Génesis 6:1-4, parece que hubo un tiempo en que los ángeles vinieron a la Tierra y fueron atraídos por las mujeres humanas, se casaron y tuvieron hijos con ellas. Estos hijos fueron llamados *nefíl* (H5303 לִיכָן), cuya palabra ha sido traducida como "gigantes" en algunas traducciones y en otras aparece traducida como *nefilim,* por ejemplo, en la *Biblia de Jerusalén* y en la tora respectivamente:

> [4] *Los* **nefilim** *existían en la tierra por aquel entonces (y también después), cuando los hijos de Dios se unían a las hijas de los hombres y ellas les daban hijos: estos fueron los héroes de la antigüedad, hombres famosos.* [277]

> [4] *Los* **nefilim** *existían en la tierra por aquel entonces (y también después), cuando los hijos de Di-s se unían a las hijas de los hombres y ellas les daban hijos: estos fueron los héroes de la antigüedad, hombres famosos.* [278]

Sobre los nefilim el Nuevo Comentario Bíblico: Siglo Veintiuno indica:

---

[277]   *La Santa Biblia* (versión "Biblia de Jerusalén", 1976, Gn 6.4). Destacados en negrita del autor.

[278]   *La Toráh - El Pentateuco*, Gn 6.4. Destacados en negrita del autor.

En el mundo antiguo se contaban con frecuencia historias de relaciones sexuales entre los dioses y seres humanos; y se sostenía que la descendencia semidivina resultante poseía una energía anormal y otros poderes. En Mesopotamia y en Canaán, el matrimonio divino-humano era celebrado en los ritos sagrados del matrimonio que se realizaban en los templos. Estos ritos, se suponía, aseguraban la fertilidad del suelo y de los matrimonios comunes. Involucraban padres dedicando sus hijas solteras para el servicio en el templo. En la práctica, estas muchachas servían como prostitutas sagradas dando placer a los sacerdotes y a los adoradores ricos. Los vv. 1, 2 y 4 describen estas prácticas. Los hijos de Dios es una expresión que se refiere a seres espirituales (traducido como "ángeles" en Job 1:6; 2:1, aun cuando no son benévolos ni aquí ni en Job). En ocasiones en el AT, Israel (Deut. 14:1) o los reyes (2 Sam. 7:14) son llamados "hijos de Dios"; sin embargo, aquí no se aplica ninguno de estos significados. Las hijas de los hombres se refiere al género femenino de los seres humanos. Los nefilim son los antiguos gigantes, supuestos descendientes de estas uniones. Algunos nefilim estaban en Canaán cuando Israel la invadió (Núm. 13:33).[279]

La Biblia Del Diario Vivir añade: "Los gigantes que se mencionan aquí eran gente que medía entre tres y tres metros y medio de altura. El término hebreo que se traduce "gigante" es el mismo de Números 13.33. Goliat, un hombre de alrededor de tres metros de altura, aparece en 1 Samuel 17. Aprovechaba sus ventajas físicas para oprimir a la gente que los rodeaba".[280]

Así que el libro de Judas parece indicar en el versículo 7 que el pecado por el cual fueron juzgadas las ciudades de Sodoma y Gomorra fue similar al pecado cometido por los ángeles mencionados en el versículo 6. Veamos los dos eventos para ver en qué fueron realmente similares sus pecados.

---

[279]   Carson et ál. (1999), Gn 6.1.
[280]   *Biblia del Diario Vivir* (1996), Gn 6.4.

Primer evento: los *ángeles* del versículo 6 son aquellos mencionados en Génesis 6:1-4, cuyo pecado fue no haber guardado su dignidad (o señorío original), abandonado su propia morada (o propio hogar), para ir tras las hijas de los hombres, tomándolas para sí y engendrando así hijos con ellas. Este evento se refiere a un acto heterosexual y posiblemente no consentido, o sea, una violación. Adicional a esto, se trata de seres de un orden o género distinto al orden o género humano, o sea dos distintos tipos de criaturas en la creación divina.

Segundo evento: los moradores de Sodoma y Gomorra pecaron por haber intentado tener relaciones sexuales con los *ángeles* de Dios. De las referencias a Sodoma en la Biblia, Judas 7 es la única que interpreta su pecado en términos sexuales. Este evento se refiere a un acto homoerótico. Se intenta entonces asociar el pecado de Sodoma y Gomorra con la homosexualidad, cuando en realidad los hombres de la ciudad intentaron violar sexualmente a los *ángeles* (carne [**sárx** G4561] diferente o extraña [**Jéteros** G2087].

Teniendo ya los dos eventos claramente definidos, note lo siguiente. En el primer evento, el acto fue de tipo heterosexual (hombre-mujer), mientras que el segundo evento fue un acto homoerótico (hombre-hombre) así que por ese lado no hay similitud entre los dos eventos. Pero si consideramos el hecho de que los ángeles son realmente una carne diferente o extraña, en el sentido de que son un orden o un género diferente en la creación, entonces los dos eventos antes expuestos cobran sentido y realmente se asemejan el uno con el otro. En el primero, el pecado se relaciona con seres de un orden o género diferente al humano, ligándose forzosamente al orden o género humano, lo cual producía una raza también diferente con atributos y poderes superiores a los humanos. En el segundo, el pecado consiste en hombres del orden o género humano queriendo violar masivamente a unos seres pertenecientes a un orden o género distinto al humano. En este último, obviamente no existía la posibilidad de engendrar hijos, pero las similitudes entre los dos eventos es clara en cuanto a la violencia y a la unión de dos órdenes o géneros de la creación distintos.

Ahora bien, Jesús hablando de la resurrección de los hombres explica que ellos "ni se casarán ni se darán en casamiento, sino serán como los ángeles que están en los cielos.[281]Aunque no estaba hablando directamente acerca de los ángeles, se puede inferir que los ángeles ni se casaban ni se daban en casamiento, aunque este pasaje no les niega la posibilidad de tener un cuerpo capaz de tener relaciones sexuales. Las Escrituras indican además que los ángeles son espíritus (Hebreos 1:7, 14), complicando aún más este asunto pues, si los ángeles son espíritus, las posibilidades se limitan a poder tener la capacidad de tomar la forma de hombres o poseer a los hombres para realizar el acto sexual.

Independientemente de lo que haya sucedido, la verdad es que todo este asunto fue tan detestable para Dios que provocó su ira y la total destrucción por medio del diluvio. Sin embargo, nuevamente insisto, de ninguna manera este relato tiene absolutamente nada que ver con al amor serio, genuino y responsable entre personas del mismo sexo.

---

[281]   *Reina-Valera* (1960), Mc 12.25.

Capítulo X
¿Qué dijo Jesús?

En ninguna parte encontramos a Jesús condenando específicamente a los homosexuales o hablando en contra de la homosexualidad, por el contrario se acercaba a aquellos que habían sido rechazados por los religiosos para hacerlos parte de "Su Reino". Considero que si Jesús hubiera tenido una fuerte opinión con relación al tema, él se habría expresado al respecto.

Jesús sana al siervo de un centurión

*⁵Entrando Jesús en Capernaum, vino a él un centurión, rogándole, ⁶y diciendo: Señor, mi **criado** (G3816 **país**) está postrado en casa, paralítico, gravemente atormentado. ⁷Y Jesús le dijo: Yo iré y le sanaré. ⁸Respondió el centurión y dijo: Señor, no soy digno de que entres bajo mi techo; solamente di la palabra, y mi **criado** (G3816 **país**) sanará. ⁹Porque también yo soy hombre bajo autoridad, y tengo bajo mis órdenes soldados; y digo a este: Ve, y va; y al otro: Ven, y viene; y a mi siervo: Haz esto, y lo hace. ¹⁰Al oírlo Jesús, se maravilló, y dijo a los que le seguían: De cierto os digo, que ni aun en Israel he hallado tanta fe. ¹¹Y os digo que vendrán muchos del oriente y del occidente, y se sentarán con Abraham e Isaac y Jacob en el reino de los cielos;⁽ᴮ⁾ ¹²mas los hijos del reino serán echados a las tinieblas de afuera; allí será el lloro y el crujir de dientes.⁽ᶜ⁾ ¹³Entonces Jesús dijo al centurión: Ve, y como creíste, te sea hecho. Y su **criado** (G3816 **país**) fue sanado en aquella misma hora.*[282]

---

[282] *Reina-Valera* (1960), Mt 8:5-13.

En este relato bíblico encontramos a un centurión[283] romano acercándose a Jesús en busca de sanidad para su criado. El Maestro no tuvo ningún reparo en atender su súplica sin importarle las pésimas relaciones existentes entre judíos y gentiles de la época.

La palabra griega utilizada aquí para criado es *país* (G3816) cuyo significado tradicional también es "muchacho", "niño o niña", "joven", "esclavo" o "siervo". Sin embargo, existen estudiosos que insisten en decir que la palabra *país* (G3816) tiene un significado más complejo que el de simplemente "esclavo". Las investigaciones, basadas en datos históricos y socioculturales, demuestran que el criado del centurión no era su hijo ni tampoco un simple esclavo, sino su pareja sexual, implicando entonces que Jesús sanó al esclavo con total entendimiento de la profunda relación afectuosa (la cual incluía relaciones sexuales entre los dos varones) con su amo, el centurión, sin ofrecer opinión alguna, positiva ni negativa, social o teológica. Lo que impulsó a Jesús para sanar al *país* fue la fe del centurión. Los letrados opinan que al realizar Jesús el milagro sin hacer mención alguna a la relación que ambos mantenían se demuestra que Jesús no desaprobaba su vínculo. Esta conclusión pone en duda la afirmación que hacen los cristianos conservadores modernos de que los actos homosexuales son intrínsecamente pecaminosos.[284]

Si Jesús hubiese tenido alguna objeción contra la relación sostenida entre el centurión y su joven esclavo, esta hubiese sido una gran oportunidad para que él se pronunciara al respecto. ¿Fue esta una oportunidad perdida para condenar la homosexualidad o simplemente un milagro de fe sin prejuicio?

Horner agrega:

---

[283] Oficial del Ejército de Roma que tenía a su cargo unos cien soldados.
[284] Koepnick (2008, pp. 82-92).

La actitud del centurión hacia su "esclavo" parece ser más de lo que ordinariamente se podría esperar de una relación hacia un esclavo. Lucas usa la palabra "doúlos", que en el griego ordinario significa esclavo; pero Mateo usa la palabra "país", "boy" (niño) o en este contexto particular, "servant boy" (sirviente-niño o criado). Sin embargo, "país" es la misma palabra que usaría un hombre mayor en la cultura griega para referirse a un joven amigo o amante. Jesús no hizo comentario al respecto, lo que significa que, si el elemento homosexual estuvo presente, él no fue perturbado por ello. En su lugar, fue abrumado por la fe del hombre, siendo claramente el elemento primordial en la historia.[285]

Esto podría darnos indicio de que Jesús no era hostil al tema de la homosexualidad.

JESÚS ENSEÑA SOBRE EL DIVORCIO

En otra ocasión, se nos enseña que a Jesús se le acercaron los fariseos, tentándolo y diciéndolo:

–¿Está permitido al hombre repudiar a su mujer por cualquier causa? [4]Él, respondiendo, les dijo: –¿No habéis leído que el que los hizo al principio, "hombre y mujer los hizo", [5]y dijo: "Por esto el hombre dejará padre y madre, y se unirá a su mujer, y los dos serán una sola carne"? [6]Así que no son ya más dos, sino una sola carne; por tanto, lo que Dios juntó no lo separe el hombre.

[7]Le dijeron: –¿Por qué, pues, mandó Moisés darle carta de divorcio y repudiarla?

[8]Él les dijo: –Por la dureza de vuestro corazón, Moisés os permitió repudiar a vuestras mujeres; pero al principio no fue

---

[285] Horner (1978, p. 122). La traducción es nuestra, al igual que los paréntesis.

así. [9]Y yo os digo que cualquiera que repudia a su mujer, salvo por causa de fornicación, y se casa con otra, adultera; y el que se casa con la repudiada, adultera.

[10]*Le dijeron sus discípulos: —Si así es la condición del hombre con su mujer, no conviene casarse.*

[11]*Entonces él les dijo: —No todos son capaces de recibir esto, sino aquellos a quienes es dado.* [12]***Hay eunucos que nacieron así del vientre de su madre, y hay eunucos que son hechos eunucos por los hombres, y hay eunucos que a sí mismos se hicieron eunucos por causa del reino de los cielos. El que sea capaz de recibir esto, que lo reciba.***[286]

¿Qué es un eunuco? ¿Quiénes eran estos eunucos? ¿Eran solo hombres castrados, o cabe la posibilidad de que sean homosexuales? ¿Cómo es posible nacer eunuco? ¿A quiénes se refería Jesús al decir estas palabras? ¿Tendrán algo que ver con los homosexuales los pasajes de las Escrituras que hablan de los eunucos?

Un "eunuco" es un hombre castrado, un hombre sin testículos. Debido a su falta de interés sexual en las mujeres (ya sea porque habían sido castrados, o simplemente porque no se sentían atraídos por las mujeres), servían como criados en las habitaciones de las mujeres (harén). El *Nuevo Diccionario de la Biblia* declara sobre el eunuco lo siguiente: "Personaje que hacía diversas funciones en las cortes. Generalmente se usaba el nombre para un servidor de mucha confianza del rey. El uso de la palabra e. en los textos antiguos no significa necesariamente que la persona había sido castrada. Pero esa era la práctica si en

---

[286]   *La Santa Biblia, Antiguo Testamento* (versión de Casiodoro de Reina, 1995).

sus funciones estaba el cuidado del harén real. Lo mismo sucedía si el gobernante era una reina. La palabra e. viene del griego euné (lecho) y echo (guardar), o sea 'el guardián del lecho'".[287]El *Nuevo Diccionario Bíblico Certeza* añade: "El judaísmo conocía solo dos clases de eunucos: el operado por los hombres (sārîs 'āḏām), y el natural (sārîs ḥammâ), así la Misná (Zabim 2.1). Este último término, sārîs ḥammâ o 'eunuco del sol' es explicado por Jastrow, *Dictionary of Babylonian Talmud*, etc., 1, p. 476, con el significado de 'eunuco desde el momento de ver el sol', en otras palabras, eunuco de nacimiento".[288]

A diferencia de lo que muchos podrían pensar, los eunucos eran considerados en el mundo antiguo como personas distinguidas, con rango y poder. Eran personas dignas de confianza y podían incluso llegar a ser funcionarios de la corte. En ellos se confiaba para la entrega de importantes mensajes y con frecuencia actuaban como intermediarios entre bandos rivales, incluso tenían participación en la negociación de tratados. Algunos fueron jefes militares.[289]Lo cierto es que la presencia de los eunucos en la Biblia no es escasa, de hecho, están en todas partes. Tuvieron un papel instrumental en la historia de Ester, Daniel, ocuparon un lugar destacado en Jeremías, primera y segunda de Reyes, Esdras, Nehemías, y los Hechos, solo por nombrar algunos.

Sobre este particular tema, Horner comenta que Jesús debió tener conocimiento de los eunucos esclavos porque:

En la mitad oriental del Imperio Romano estaban evidentemente por todas partes. El problema es que los eunucos, como quiera hayan llegado a serlo, no se quedaban totalmente sin

---

[287] Lockward (2003).

[288] Douglas (2000).

[289] *International Standard Bible Encyclopedia* (vol. 2, pp. 201-202), indica que ".eunucos eran conocidos no solo como guardaespaldas o doméstico, sino también como funcionarios de palacio, estadistas y generales del ejército".

deseo sexual mas se hallaron, en muchos casos, practicando activamente la homosexualidad. Aún teniendo o no testículos y en algunos casos ningún órgano sexual en absoluto, en gran parte del mundo antiguo fueron puestos en la misma categoría de quienes asumieron el papel pasivo durante las relaciones sexuales homosexuales, es decir, los catamitas.

Sea lo que sea que Jesús quiso decir con este dicho —y es uno difícil— no hay duda de que él está hablando de eunucos en los términos más exaltados.[290]

Algunos teólogos dicen que se refería a personas que nacían estériles o impotentes. Otros indican que se refiere a personas que no se casan porque nacen sin deseo sexual o son naturalmente incapaces para el matrimonio pues nacen con defectos congénitos en sus órganos sexuales. Y sí, todo lo anterior es muy posible, como también es posible interpretarlo de otra manera, como personas que han nacido con una orientación homosexual.

Los que condenan la homosexualidad podrán decir: "Ah, pero esa interpretación es muy conveniente", a estos, yo les contesto de la misma manera. Hay que ser justo en esto y mantener la imparcialidad. Aceptar una posibilidad sin aceptar la otra es una falta de respeto. Nadie puede concluir contundentemente a qué se refería el Maestro al hacer tal declaración, si es que en Su mente existía el deseo de hacer tal distinción.

La sexología enseña, entre otras cosas, que el cerebro es el órgano sexual más importante en los humanos. La función sexual y la excitación comienzan en el cerebro. Un hombre castrado no deja de ser heterosexual, simplemente porque se le priva de su órgano sexual. Si esto es así, entonces las mujeres no necesariamente estaban "seguras" entre los hombres castrados, salvo que no corrían el peligro de salir embarazadas. Entonces es muy razonable pensar que entre estos eunucos muy bien pudieron haber existido hombres homosexuales. Un

---

[290]   Horner (1978, pp. 123-124). La traducción es nuestra.

gobernante podría dormir tranquilo sabiendo que sus esposas y concubinas estaban bajo la protección de los eunucos. Pienso que para él sería un doble seguro saber que su eunuco era, además de castrado, homosexual.

En este pasaje de Mateo 19 algunos fariseos comenzaron a interrogar a Jesús en el tema del divorcio. "¿Es lícito al hombre repudiar a su mujer por cualquier causa?",[291]preguntaron, y Jesús los refiere a Génesis 1:27 y 2:24, diciéndoles que cuando los hombres y las mujeres se casan se hacen una sola carne, y era la intención de Dios desde el principio de la creación que nunca se separaran. Ahora, los fariseos estaban tramando algo. Después de todo, Jesús estaba desafiando sus enseñanzas, el status quo, y tenían motivos para sentirse amenazados por él. Jesús atraía multitudes, y en repetidas ocasiones los fariseos trataron de encontrar la forma de desacreditarlo y desbandar sus seguidores. Esta vez intentarían que Jesús tomara alguna posición en la polémica discusión entre dos escuelas religiosas, una conservadora y otra liberal.

En aquel entonces las mujeres eran consideradas propiedad de los hombres. No tenían mucho peso en la sociedad. De hecho, si un hombre deseaba divorciarse de su esposa, él solo tenía que darle en su mano un pedazo de papel (como forma de certificado de divorcio) y ponerla fuera de la casa. Ella no tenía nada que decir al respecto. Las mujeres no tenían derecho a divorciarse de su marido. Debe saber que dentro del judaísmo de aquella época existían dos escuelas teológicas: una excesivamente liberal en este asunto, que permitía al hombre dar carta de divorcio a sus mujeres por prácticamente cualquier cosa, y la otra que se sometía a lo que Moisés había permitido en la causal de fornicación.

El Maestro evitó entrar en esta discusión, porque sabía lo que tramaban en sus corazones, y les declaró a los fariseos que, por

---

[291]   *Reina-Valera* Revisada (1960), Mt 19.3.

causa de la dureza (terquedad) del corazón del hombre y no por la voluntad de Dios, Moisés le había permitido al pueblo dar carta de divorcio a sus mujeres. Esta dureza o terquedad era consecuencia de su naturaleza pecaminosa. El matrimonio permanente era la intención de Dios, pero la naturaleza humana hizo inevitable el divorcio, Moisés instituyó algunas leyes para ayudar a las víctimas. Eran leyes civiles designadas especialmente para proteger a las mujeres que, en esa cultura, quedaban vulnerables y desprovistas al quedar solas.

Luego de haber aclarado el asunto con los fariseos, se le acercan a Jesús sus discípulos, me imagino sorprendidos por aquellas palabras, y le dicen al Señor: "¡Maestro, si esto es así entre esposo y esposa, lo mejor sería no casarse!".

¡Cuánto mucho se parece este relato a la situación actual! En poco se estima el matrimonio hoy día y prácticamente por cualquier motivo se divorcian las parejas. De hecho, no es un secreto que muchos hoy día se casan para "ver cómo les van las cosas" y algunos hasta tienen un plan alterno en caso de que las cosas anden mal. Cuando los pastores y consejeros cristianos les hablan de estas cosas a las personas o a las parejas que desean comenzar su vida matrimonial, seguro que un alto porcentaje de ellos, muy dentro de sí, piensan de la misma forma en que lo hicieron aquellos discípulos: "Si esto es así, sería mejor no casarme". Si las parejas de hoy comprendieran verdaderamente las implicaciones del matrimonio, lo que Dios espera de ellos y su importancia, lo pensarían más detenidamente antes de hacerlo.

Pero entonces les explica Jesús a sus discípulos que **"no todos son capaces de recibir esto, sino aquellos a quienes es dado"**,[292] lo que implica que la castidad es un don de Dios y que no es para todos. Inmediatamente les habla de tres razones

---

[292]   *La Santa Biblia, Antiguo Testamento* (versión de Casiodoro de Reina, 1995).

por las que algunas personas no se casaban. Primero, los que **"nacieron así del vientre de su madre"**, y para esto hay varias posibles interpretaciones: que son personas que nacían siendo estériles, incapacitadas, indispuestas a casarse, sin deseo sexual o personas que han nacido con una orientación homosexual. Segundo, los que **"son hechos eunucos por los hombres"**, refiriéndose al hombre físicamente castrado, ya sea como consecuencia de algún castigo o porque haya surgido la necesidad de aumentar la cantidad de criados. Y tercero, los que **"a sí mismos se hicieron eunucos por causa del reino de los cielos"**, refiriéndose a aquellos que no se casan porque en su caso particular han sido recipientes del don divino de la castidad y pueden servir mejor a Dios como solteros. Se cree que los autores de los rollos del Mar Muerto, los esenios, eran un ejemplo de esta categoría de personas: "Jesús no nos estaba enseñando a evitar el matrimonio porque no fuera bueno ni porque limita nuestra libertad. Eso sería egoísmo. Un buen motivo de permanecer solo es desear usar el tiempo y la libertad para servir a Dios. Pablo habla de esto en 1 Corintios 7".[293]Finalmente termina diciendo: **"El que sea capaz de recibir esto, que lo reciba"**, recalcando el hecho de que el matrimonio no era para todos.

En el pensamiento antiguo el casamiento tenía como principal objetivo procrear hijos (pues estos eran de bendición) y llenar la tierra, como le fue ordenado por Dios a Adán y Eva en el jardín del Edén. Pero aquí encontramos a Jesús explicando mejor el asunto y enseñando que podían existir razones para permanecer castos.

A pesar de que el divorcio fue relativamente fácil en los tiempos del Antiguo Testamento, no fue lo que originalmente Dios quiso. Lamentablemente es igualmente fácil conseguir el divorcio en nuestros días pero la voluntad de Dios para aquellos que deciden casarse es la misma, que

---

[293]   *Biblia del Diario Vivir* (1996), Mt 19.12.

sea un pacto de por vida. Dios es el mismo ayer, hoy y por los siglos. Él no cambia, es inmutable.

La *Biblia del Diario Vivir* hace el siguiente comentario:

Las parejas deben oponerse al divorcio desde el principio y construir su matrimonio sobre la base de un pacto mutuo. **Existen también muchas buenas razones para no casarse,** *una de ellas es disponer de más tiempo para trabajar en favor del Reino de Dios.* **No dé por sentado que Dios quiere que todos se casen. Para muchos puede ser mejor el no hacerlo.** *Busque en oración la voluntad de Dios antes de lanzarse a un compromiso matrimonial de por vida.*[294]

El *Comentario Bíblico Mundo Hispano,* con respecto a aquellas personas que voluntariamente deciden privarse del matrimonio y de las relaciones sexuales para servir mejor al Señor, señala el siguiente ejemplo: "Hay personas que tienen ministerios que requieren que estén viajando constantemente, o que los exponen a grandes peligros. *Sería aconsejable en algunos casos semejantes,* por causa del reino (v. 12), no formar un matrimonio".[295]

En estos comentarios anteriores se proveen o facilitan posibilidades para evitar el matrimonio, Jesús mismo dio ejemplo de tres clases de eunucos (cualquiera que sea la interpretación de eunuco que quiera usar), así que de pronto el casamiento no necesariamente tiene como principal objetivo procrear hijos. Creo que hay otras buenas razones para que las personas no se casen. ¿Cuántas personas se casan por presiones sociales y religiosas? ¿No sería más prudente evitar hijos nacidos en matrimonios forzados?

Permítame traerle a su atención otro punto de vista. En Deuteronomio 23:1 encontramos:"No entrará en la congregación de Jehová el que tenga magullados los testículos, o amputado su miembro viril".[296]Esta prohibición encuentra explicación en

---

[294]   Ibídem, Mt 19.12 Destacados en negrita del autor.
[295]   Carro, Poe y Zorzoli (1993). Destacados en negrita del autor.
[296]   *Reina-Valera* Revisada (1960).

el hecho de que la castración era contraria a la orden divina de la creación. Engendrar hijos no solo era importante para la perpetuación de la raza, sino que era la única manera de perpetuar las vidas de los antepasados. El no tener hijos se consideraba una desobediencia de la orden expresa de "fructificad y multiplicaos" en Génesis 1:28. Cada persona era responsable de contribuir al crecimiento de la humanidad. Independientemente de cualquier otra cosa que el hombre hiciera en su vida, este debía "sembrar su semilla" y engendrar hijos. Los que no podían tener hijos eran excluidos de entrar en los lugares de culto (Deuteronomio 23:1), sin importar que para algunos fuera físicamente imposible obedecer.

Los eunucos[297] aquí[298] mencionados estaban excluidos por la ley. Asimismo, los versículos 2 al 6 indican que algunos extranjeros debían ser excluidos de participar en el culto del templo. Pero más tarde el profeta Isaías declara que los antes excluidos en la ley deuterocanónica ahora son bienvenidos en la casa de Dios. Los que antes habían sido excluidos por la ley ahora son incluidos por Dios. Isaías 56:1-5 lee:

> *[1] Así dijo Jehová: Guardad derecho, y haced justicia; porque cercana está mi salvación para venir, y mi justicia para manifestarse.*

---

[297] "Las exclusiones mencionadas en los vv. 1 y 2 probablemente sean como resultado de haber estado involucrados en la adoración a otros dioses. Las deformaciones aludidas en el v. 1 bien pudieran haber sido mutilaciones autoinfligidas con el propósito de adoración idólatra, posiblemente a la diosa Ishtar. El bastardo (v. 2) puede ser el resultado de la unión con una prostituta de algún culto pagano" (Carson, France, Motyer y Wenham, 2000, c1999).

[298] Aunque la versión *Reina-Valera* de 1960 no utiliza la palabra "eunuco" en este texto, sí lo hace la versión de la Septuaginta al español de Pbro. Guillermo Jünemann Beckchaefer y la Versión Moderna por Sociedades Bíblicas en América Latina. De todas formas, por definición, los eunucos aplican en este texto.

²*Bienaventurado el hombre que hace esto, y el hijo de hombre que lo abraza; que guarda el día de reposo[a] para no profanarlo, y que guarda su mano de hacer todo mal.*

³*Y el extranjero que sigue a Jehová no hable diciendo: Me apartará totalmente Jehová de su pueblo.* **Ni diga el eunuco: He aquí yo soy árbol seco.**

⁴*Porque así dijo Jehová:* **A los eunucos que guarden mis días de reposo,[b] y escojan lo que yo quiero, y abracen mi pacto,** ⁵**yo les daré lugar en mi casa y dentro de mis muros, y nombre mejor que el de hijos e hijas; nombre perpetuo les daré, que nunca perecerá.**

⁶**Y a los hijos de los extranjeros que sigan a Jehová** *para servirle, y que amen el nombre de Jehová para ser sus siervos; a todos los que guarden el día de reposo[c] para no profanarlo, y abracen mi pacto,* ⁷*yo los llevaré a mi santo monte, y los recrearé en mi casa de oración; sus holocaustos y* **sus sacrificios serán aceptos sobre mi altar; porque mi casa será llamada casa de oración para todos los pueblos.** [A]299

La versión *Dios Habla Hoy* lo expresa en palabras más sencillas:

¹*El Señor dice: "Practiquen la justicia, hagan lo que es recto, porque pronto voy a llevar a cabo la liberación; voy a mostrar mi poder salvador.*

²*Dichoso el hombre que sigue estos mandatos y los cumple con fidelidad, que respeta el sábado y no lo profana, que tiene buen cuidado de no hacer nada malo".*

---

299   *Reina-Valera* (1960). Destacados en negrita del autor.

*³Si un extranjero se entrega al Señor, no debe decir: "El Señor me tendrá separado de su pueblo". **Ni tampoco el eunuco debe decir: "Yo soy un árbol seco".***

*⁴Porque el Señor dice: **"Si los eunucos [1] respetan mis sába-dos, y si cumplen mi voluntad y se mantienen firmes en mi alianza, ⁵yo les daré algo mejor que hijos e hijas; les concederé que su nombre quede grabado para siempre en mi templo, dentro de mis muros; les daré un nombre eterno, que nunca será borrado. ⁶y a los extranjeros que se entreguen a mí,** para servirme y amarme, para ser mis sier-vos, si respetan el sábado y no lo profanan y se mantienen firmes en mi alianza, ⁷yo los traeré a mi monte sagrado y los haré felices en mi casa de oración. **Yo aceptaré en mi altar sus holocaustos y sacrificios, porque mi casa será declarada casa de oración para todos los pueblos.**³⁰⁰*

¡Ahora los requisitos cambian! ¿Acaso Dios ha cambiado? ¡POR SUPUESTO QUE NO!, Dios no cambia. Lo que sucede es que los judíos estaban más pendientes de las apariencias externas que del estado del corazón, ponían más importancia al cumplimiento mecánico de la ley pasando por alto la esen-cia de la ley, esto es, la justicia. Isaías profetiza que vendrá un tiempo en que los eunucos y los extranjeros ya no tendrían nin-gún obstáculo para entrar a la casa de Jehová. Debe entender que las profecías pueden tener dos aplicaciones, una histórica contemporánea y la otra escatológica³⁰¹ o relacionada con el futuro. Ahora, los excluidos tenían acceso, siempre que practi-

---

³⁰⁰   *La Santa Biblia Dios Habla Hoy* (1996), Is 56:1-5. Destacados en negrita del autor.
³⁰¹   "De escatología: Palabra técnica que no aparece en la Biblia. Los eruditos la utilizan combinando dos vocablos griegos: *eschatos* (últimas cosas) y *logos* (estudio, enseñanza). Viene a ser, entonces, la doctrina de las últimas cosas. Como tal, está íntimamente relacionada con el futuro y, por tanto, con la profecía bíblica" (Lockward,. 2003).

caran la justicia, hicieran lo recto, se mantuviesen fieles a Dios, respetaran el sábado y no lo profanaran. De ahora en adelante todos los que guardaren el pacto de Dios serían dichosos.

Con relación a este pasaje de Isaías, los *Estudios Bíblicos ELA* comentan:

La regla general (vv. 1-2). Cualquier hombre que viviera una vida justa manifestaba así que había sido salvo y que sería objeto de la bendición divina. Judá fue llevado en cautiverio por quebrantar la legislación del sábado (Jeremías 17:19-27) y por eso Isaías hace hincapié en la observancia de esa ley (56:2, 4, 6) como señal de haber abrazado el pacto. También explica que el justo se esforzará continuamente por eliminar toda maldad de su vida diaria.

Dos ejemplos concretos (vv. 3-8). Según Deuteronomio 23:1-3, ciertos grupos estaban excluidos de la asamblea israelita. Dos de éstos eran los extranjeros y los eunucos. El plan de Dios es que cuando sea establecido el culto milenial nadie será excluido. Ni los vetados por la ley. Todo aquel que obedece será objeto de la bendición divina.[302]

Las apariencias físicas o los rituales religiosos no serían más un requisito sino la obediencia. El verdadero judío sería aquel que realmente mantuviera una relación personal con el Creador, debería ser aquel cuyo corazón, no su prepucio, estuviese circunciso. Tal como Pablo declara en su carta a los Romanos:"[28]Pues no es judío el que lo es exteriormente, ni es la circuncisión la que se hace exteriormente en la carne; [29]sino que es judío el que lo es en lo interior, y la circuncisión es la del corazón, en espíritu, no en letra; la alabanza del cual no viene de los hombres, sino de Dios".[303]

A estos nuevos conversos el Señor les dará **"un nombre eterno, que nunca será borrado"** como ciudadanos de la

---

[302]   Lloyd (1995).
[303]   *Reina-Valera* (1960), Ro 2.28-29.

nueva Jerusalén y herederos de las promesas de Dios. El templo estará abierto para todos ellos y dice que sus nombres quedarán grabados: **"Para siempre en mi templo, dentro de mis muros"**. [304] Una vez que una persona viene a los caminos de Cristo, es bautizada por él y pasa a estar revestida de él, de ese momento en adelante, **"²⁸ya no hay judío ni griego; no hay esclavo ni libre; no hay varón ni mujer; porque todos vosotros sois uno en Cristo Jesús. ²⁹Y si vosotros sois de Cristo, ciertamente linaje de Abraham sois, y herederos según la promesa**⁽ᴷ⁾**"**.[305]El *Nuevo Comentario Ilustrado de la Biblia* comenta sobre Gálatas 3:28,29 lo siguiente:

*3.28 El contexto de este versículo es la justificación por la fe **en Cristo Jesús**, el hecho de que Jesús redimió a todos los que creen en Él, sean judíos o gentiles (3.26-4.27). Las distinciones raciales, sociales o de género que tan fácilmente dividen, no impiden a una persona llegar a Cristo para recibir su gracia. Toda persona puede llegar igualmente a ser heredero de Dios y ser receptor de sus promesas eternas (4.5-7).*

*3.29 **sois de Cristo** por medio de la fe (3.26, 27) también significa ser simiente de **Abraham (linaje)** (3.7) y benditos (**herederos**) en él (3.9), **según la promesa** de Dios (Gn 12.3).*[306]

Otro aspecto que merece atención con respecto al texto de Isaías se encuentra en las siguientes palabras:"³Si un extranjero se entrega al Señor, no debe decir: **'El Señor me tendrá separado de su pueblo'**. Ni tampoco el eunuco debe decir: **'Yo soy un árbol seco'**".[307]

Ahora no había razón para quejarse por estar "separado" o por ser "árbol seco". La imagen detrás del "árbol seco" es de aquel que no puede o no da fruto. Esto puede ser comparable

---

[304]   *La Santa Biblia Dios Habla Hoy* (1996), Is 56:5.
[305]   *Reina-Valera* (1960), Gl 3.28-29.
[306]   Nuevo Comentario Ilustrado de la Biblia (2003).
[307]   *La Santa Biblia Dios Habla Hoy* (1996), Is 56:3. Destacados en negrita del autor.

al eunuco que, al no poder "sembrar su semilla", estaba imposibilitado de engendrar hijos, por ende, era estéril o no fructífero y quedaba imposibilitado de contribuir al crecimiento de la humanidad. No así ahora, pues Dios abre puertas para que tanto los extranjeros como los eunucos (entiéndase los excluidos) que honren el día de Dios, que guarden su pacto y produzcan fruto (espiritual) alcancen misericordia.

Parábola del sembrador

En el evangelio de Marcos 4:1-20, encontramos a Jesús hablándole a la multitud reunida acerca de un agricultor que había salido a sembrar y, regando las semillas en diferentes lugares, algunas de estas cayeron junto al camino, donde fueron comidas por las aves; otras en pedregales, donde no había suficiente suelo para producir una cosecha; otras entre las malas hierbas (espinos), que ahogaban las nuevas plantas impidiéndoles dar fruto; otras cayeron en buena tierra, donde crecieron y produjeron una cosecha abundante.

Más tarde, cuando estuvo solo, los discípulos le piden al Maestro que les explique la parábola, Jesús entonces les explica y compara la semilla del sembrador con la Palabra de Dios. Explica que algunas personas son como el terreno junto al camino, que escuchando la palabra no la entienden y viene Satanás y arrebata la palabra para que no crean y se salven. Otros son como pedregales donde no hay suficiente tierra para que la semilla pueda echar raíces profundas. Estos oyentes reciben la palabra con alegría y entusiasmo, pero como no tienen raíz, tan pronto comienzan las tribulaciones, persecuciones y pruebas, se marchitan, duran poco tiempo y rápidamente desaparecen. Algunos oyen la palabra, pero se distraen con los problemas del mundo (los espinos), el afán al dinero y las codicias de obtener cosas ahogan la palabra y así esta queda sin fruto. Finalmente describe a aquellos que oyen y reciben la palabra. Estos la escuchan atentamente, aceptan sabiendo que procede de Dios y actúan de acuerdo a ella.

Jesús resalta la necesidad de escuchar la palabra, aceptarla y dar fruto. Su lenguaje, dirigido a un pueblo mayormente agrícola, fue sencillo. El que más o el que menos conocía los fundamentos de la tierra. Las cualidades de un buen terreno dependían de su suavidad o soltura, que permitiría el crecimiento de raíces profundas; su limpieza, pues al estar libre de yerbajos (espinos) las plantas podrían aprovechar todos los nutrientes que el terreno pudiera tener; y su profundidad, pues a mayor profundidad mayor capacidad de retener humedad y nutrientes. En un terreno como este, la semilla (la palabra) es capaz de producir fruto. Note que la semilla, como consecuencia de haber hallado un buen terreno, produce la planta, pero la planta en sí no puede producir fruto sin el sustento del terreno. Jesús relaciona el crecimiento espiritual con una abundante cosecha, y este crecimiento viene como resultado del conocimiento de la palabra. A mayor conocimiento de la Palabra de Dios, mayor crecimiento espiritual y de ahí la abundante cosecha. Algunas personas darán fruto al 30% otras al 60% y otras 100%; esto contrasta con el árbol seco.

Así, en la parábola, la conexión que existe entre conocer la palabra y una cosecha fructífera es comparable al relato de Génesis 4:1 donde Adán conoce a su mujer, Eva, y concibe un hijo. En el pensamiento antiguo, el hombre sembraba su "semilla" en la mujer y esta a su debido tiempo "cosechaba" su "fruto", el hijo. Los eunucos no eran capaces de producir esa clase de fruto pero de acuerdo a Isaías eunucos fieles, en el desempeño de sus funciones, sirviendo a la medida de sus habilidades en obediencia al pacto con Dios, serían capaces de producir una abundante "cosecha" para el pueblo al que sirven, siendo Jesús mismo el más grande ejemplo. ¿Por qué digo esto? Bueno, de acuerdo a sus propias palabras, cuando describía las tres clases de eunucos, Jesús mismo fue un eunuco: **"y hay eunucos que a sí mismos se hicieron eunucos por causa del reino de los cielos. El que sea capaz de recibir esto, que lo reciba".**[308]Realmente Jesús cumplía con la definición de "eunuco". No existe evidencia bíblica de que él se hubiese casado ni tuviera hijos. Muy bien pudiera Jesús haber estado contando su propia historia en la parábola del sembrador. Ciertamente dedicó su vida a la causa del Reino de los Cielos, cumpliendo totalmente con la voluntad de Su Padre y predicando las palabras que recibía de Él. Sus palabras siguen sosteniendo al mundo luego de haber transcurrido más de dos mil años. ¡Qué maravillosa cosecha!

La comunidad homosexual siempre ha tenido las puertas abiertas para alcanzar misericordia, al igual que "los extranjeros" y los "eunucos" de la antigüedad. Esto no es un concepto nuevo ni moderno como quieren hacerlo parecer. Tener hijos no es el único fruto en una relación de pareja ni tampoco es la única forma de ser fructíferos. Tampoco es el único ni el principal propósito en la vida de toda pareja. Los homosexuales que deseen abrazar la fe cristiana y comenzar o continuar una relación homosexual no deben ser juzgados por el hecho de no poder procrear hijos. En vez de eso, se debería observar el fruto de su vida espiritual. La Palabra de Dios enseña que el fruto del Espíritu es "[22]... amor, gozo, paz, paciencia, benignidad, bondad, fe, [23]mansedumbre, templanza; contra tales cosas no hay ley. [24]Pero los que son de Cristo han crucificado la carne con sus pasiones y deseos".[309]Al alcanzar por gracia el don de la salvación mediante la fe en Jesucristo, el homosexual nacido de nuevo queda libre de las ataduras del pecado, crucificado juntamente con Cristo sus pasiones y deseos para quedar libre

---

[308] *La Santa Biblia, Antiguo Testamento* (versión de Casiodoro de Reina, 1995).
[309] *Reina-Valera* (1960), Gl 5.22-24.

y desarrollar una relación plena y fructífera con su Salvador. En lugar de producir "fruto" (entiéndase, hijos), por causa de su "esterilidad" (entiéndase, incapacidad de procrear) puede, mediante el poder del Espíritu Santo, llegar a ser fructífero de otras formas, tal y como quedaron grabados para la eternidad las abundantes y extraordinarias contribuciones realizadas por eunucos en las Sagradas Escrituras.

Ahora, como nueva criatura, con una mente transformada y renovada, podrá ser fructífero contribuyendo tanto intelectual como espiritualmente a la humanidad. Trabajando al servicio de las comunidades, como funcionarios públicos honestos, temerosos de Dios, sirviendo y contribuyendo al crecimiento espiritual de otros y dando buen testimonio cristiano. De manera que aun siendo "estériles", mediante su nueva alianza con Cristo, serán capaces de producir una abundante cosecha, a la medida de sus habilidades (30%, 40%, 60%, 100%) para con el pueblo al que sirven. Ya no deberán decir más: **"El Señor me tendrá separado de su pueblo"**, ni tampoco: **"Yo soy un árbol seco"**.

Capítulo XI
Mitos y fábulas

Durante los años de ministerio, he escuchado toda clase de disparates relacionados a los cristianos homosexuales provenientes no solo de las comunidades cristianas sino incluso dentro de la comunidad homosexual. Al principio me daban mucho coraje, me molestaba mucho la forma irresponsable en que la gente comentaba cosas que no conocían ni comprendían. Ahora, aunque siento la misma indignación, mi corazón se encarga de convertirlo en amor compasivo hacia aquellos que los dicen. Dios fue capaz de perdonar absolutamente todos mis pecados, Él cargó sobre sí el castigo que yo merecía, Él tomó mi lugar en la cruz del calvario para pagar por mis culpas y las de todo aquel que en Él crea. Todo eso lo hizo sin que yo lo mereciera, lo hizo porque realmente me amaba incondicionalmente. Eso para mí es lo más importante en mi vida, es lo que me anima día a día a seguir trabajando y luchando para que otros conozcan la obra redentora de mi amado Salvador. Ahora devuelvo por gracia lo que por gracia recibí.

En este capítulo deseo aclarar varios mitos y falacias populares relacionadas con las comunidades cristianas homosexuales. Es necesario que entienda que esto lo hago desde mi perspectiva pastoral y a raíz de las experiencias vividas dentro de estas comunidades.

El principal concepto erróneo sobre las comunidades cristianas homosexuales es el de llamarlas "iglesias gais". Como creyentes, nacidos del Espíritu, todo homosexual nacido de nuevo es parte integrante de la Iglesia de Cristo y sus nombres están escritos en el cielo (Efe 1:22, 23; 2:22; Heb 12:23). La iglesia es el Cuerpo de Cristo, la morada de Dios a través del Espíritu, divinamente señalada para el cumplimiento de su gran comisión. Las comunidades cristianas homosexuales reconocen que la Iglesia de Cristo es universal; esto es, independientemente de denominación y concilio. Aceptan como verdad la existencia de hermanos en la fe a través de todo el mundo. Por lo tanto, su existencia como miembros no es y nunca será un cuerpo independiente o único, aislado de todo otro grupo de hermanos. Tampoco declaran ser los únicos que tienen el conocimiento de Cristo. Por esta razón, mi posición pastoral sobre este asunto es que sean llamadas simple y llanamente "iglesias".

Otro error es creer que en ellas solo asisten homosexuales: no hay nada más apartado de la verdad. Dios ha ayudado a muchas personas heterosexuales a encontrar el camino de verdad y justicia, alcanzando la salvación de sus almas y reconociendo al Señor Jesucristo como único y suficiente salvador. Recuerde que tanto los hombres como las mujeres homosexuales tienen familia y amistades, la gran mayoría de ellos heterosexuales y con las mismas necesidades espirituales. Si las comunidades cristianas homosexuales ministraran solamente a la comunidad homosexual estarían discriminando y cometiendo el mismo error que intentan enmendar. El Señor Jesucristo nunca ha negado a nadie que se lo pida su maravilloso y preciado don de salvación. Aunque muchos heterosexuales hermanos en la fe no quieran compartir junto a sus hermanos homosexuales, ellos sí desean y anhelan compartir con ellos siguiendo el mandato del apóstol Pablo:

…Os ruego que andéis como es digno de la vocación con que fuisteis llamados, con toda humildad y mansedumbre, soportándoos con paciencia los unos a los otros en amor, solícitos en guardar la unidad del Espíritu en el vínculo de la paz; un cuerpo, y un Espí-

ritu, como fuisteis también llamados en una misma esperanza de vuestra vocación; un Señor, una fe, un bautismo, un Dios y Padre de todos, el cual es sobre todos, y por todos, y en todos.[310]

Les guste o no a ciertas personas, nuestro trabajo pastoral continuará por la gracia que nos fue dada conforme a la medida del don de Cristo:

A fin de perfeccionar a los santos para la obra del ministerio, para la edificación del cuerpo de Cristo, hasta que todos lleguemos a la unidad de la fe y del conocimiento del Hijo de Dios, a un varón perfecto, a la medida de la estatura de la plenitud de Cristo; para que ya no seamos niños fluctuantes, llevados por doquiera de todo viento de doctrina, por estratagema de hombres que para engañar emplean con astucia las artimañas del error, sino que siguiendo la verdad en amor, crezcamos en todo en aquel que es la cabeza, esto es, Cristo, de quien todo el cuerpo, bien concertado y unido entre sí por todas las coyunturas que se ayudan mutuamente, según la actividad propia de cada miembro, recibe su crecimiento para ir edificándose en amor.[311]

Otro mito popular es que las iglesias que reciben y ministran a la comunidad homosexual enseñan "teología gay". Como habrá podido notar a través de los distintos capítulos del libro, la gran mayoría de las referencias utilizadas provienen de textos teológicos tradicionales. Aun aquellos datos aportados por otras fuentes, en su mayoría, son confirmados por los textos teológicos. Durante mis años de ministerio no he enseñado otra cosa que no sea el Evangelio de Jesucristo, las buenas nuevas de salvación, la grande y maravillosa noticia del cumplimiento magistral del plan divino para la redención del hombre en la persona de Jesucristo, Dios encarnado. Esta salvación es por la gracia de Dios y puede ser nuestra por medio de la fe. ¿Acaso es esta teología "gay"? ¿Qué tiene de nueva? Que no

---

[310]   *Reina-Valera* (1960), Ef 4:1-6.
[311]   Ibídem, Ef 4:12-16.

concordemos con la interpretación de algunas pocas palabras en el texto bíblico no hace que la verdad del evangelio deje de ser verdad, deje de ser la buena nueva de salvación, ni que esta se vuelva menos poderosa y eficaz.

Una falacia que parece sacada de una novela de ciencia ficción es declarar que las iglesias de *puertas abiertas*[312] pertenecen a un movimiento secreto mundial organizado para apoderarse del mundo o destruir a la sociedad heterosexual y a las iglesias cristianas. Esa alegación es total y absolutamente absurda, ridícula y sin sentido de lo real. No hay tal clase de unidad entre aquellos que tuvieron al más grande Maestro y líder en la historia de la humanidad, quienes deberían dar el ejemplo, o sea, la Iglesia, e intentan hacerle creer a la gente que existe un movimiento organizado con un "plan maestro" secreto para apoderarse del mundo y adelantar la "agenda gay". Nuevamente, eso es totalmente absurdo. Lo que sí existe es una gran cantidad de grupos independientes con una gama de intereses particulares. Algunos comparten ideas particularmente aberradas que no apoyamos y otros tienen intereses muy legítimos. Cada uno de ellos busca adelantar su causa utilizando los medios que tienen a su alcance. Esta es la verdad mirándola desde una justa perspectiva. No se debe generalizar y agrupar a todos bajo un mismo grupo porque realmente no lo son.

Al grupo que sí pertenece todo homosexual nacido de nuevo es al Cuerpo de Cristo, la Iglesia. Han sido lavados en la sangre preciosa del Cordero de Dios. Ellos confiesan y proclaman Su Señorío y su agenda está escrita en las Sagradas Escrituras: "Id por todo el mundo y predicad el evangelio a toda criatura. El que creyere y fuere bautizado será salvo…".[313]

Hay quienes insisten en decir que todos los homosexuales son depravados sexuales, que su único interés es asechar a la juven-

---

[312] Nombre comúnmente usado por las iglesias que aceptan y acogen a la comunidad homosexual.
[313] *Reina-Valera* (1960), Mc 16:15-16.

tud y practicar toda clase de conductas aberradas. Estos comentarios son totalmente prejuiciados, pues todas las prácticas por las que pueden ser acusados algunos homosexuales son igualmente practicadas por algunos heterosexuales. Justamente, no se deben acusar mutuamente por los delitos de algunos individuos y mucho menos generalizar las conductas. Solo hay que leer los periódicos diariamente para darse cuenta de esa realidad. No todo lo que se practica dentro del homosexualismo es correcto como no toda conducta heterosexual es correcta.

La pederastia, el incesto y el bestialismo, por ejemplo, están claramente señalados en las Escrituras, por tanto, son prácticas rechazadas por todos los cristianos, sean homosexuales o heterosexuales. Otros comportamientos como el sadismo,[314]el masoquismo,[315]sadomasoquismo[316] y el voyeurismo,[317]entre

---

[314] "Es una parafilia consistente en sobrepasar lo prohibido causándole dolor a la persona que se posee, debido sobre todo a un miedo inconsciente a ser castrado (según los seguidores de Freud). Es una forma de obtener excitación y placer sexual haciendo daño, causando dolor o humillación a una pareja. Por lo general suele encontrarse junto al masoquismo, aunque siempre hay una predominante, conociéndose como sadomasoquismo". Fuente: http://www.sexualidad.es/index.php/Sadismo.

[315] "Es la parafilia o trastorno sexual que consiste en experimentar placer al provocarse dolor o al someterse dentro de una situación que le provoque dolor. El masoquismo es la tendencia opuesta al sadismo y en ese sentido se suele hablar de la dualidad sadismo-masoquismo. La denominación masoquismo define el placer sexual relacionado con el deseo de recibir dolor en el cuerpo, bien sea mediante humillación o dominación". Fuente: http://www.sexualidad.es/index.php/Masoquismo.

[316] "Es una fantasía sexual recurrente y altamente excitante que se ubica dentro de los trastornos sexuales y de la identidad sexual, la cual proviene de la unión de las palabras masoquismo (comportamientos reales de ser maltratado, atado, humillado u otra manera de sufrimiento, que conlleva a la excitación) y sadismo (comportamientos reales en los que el sufrimiento psicológico o físico de la víctima conlleva a la excitación). Fuente: http://www.sexualidad.es/index.php/Sadomasoquismo.

[317] "El voyeurismo es la parafilia o trastorno que consiste en intensas necesidades sexuales recurrentes y en fantasías sexuales exci-

otros, son rechazados igualmente porque, entre otras cosas, atentan contra la dignidad humana. Todas estas prácticas aberradas ocurren igualmente entre los heterosexuales y no son comportamientos exclusivamente homosexuales. No se pueden justificar todas las prácticas homosexuales al igual que no se pueden justificar todas las prácticas heterosexuales. Los cristianos heterosexuales no tienen derecho a llamar "impuros" a los homosexuales nacidos de nuevo cuando Dios los ha limpiado, incluso bajo el pretexto de "odiar el pecado pero amar al pecador". Al igual que el resto de las comunidades cristianas, aceptamos las Sagradas Escrituras como guía de fe y conducta. Es ella nuestra guía y a ella acudimos en busca de dirección en asuntos morales y éticos. Sí, es posible que no concordemos con la definición de "moralidad" que tienen algunas personas. No podemos complacerlos a todos, pero sí tratamos y nos esforzamos por vivir de acuerdo con el ideal de la moral inscrita, claramente revelada, en las Santas Escrituras. Nuestro mayor propósito en la vida es complacer a nuestro Padre Celestial y seguir Sus enseñanzas.

Lo que sí enseña y proclama la comunidad cristiana homosexual es que las relaciones de tipo homosexual no son impedimento para pertenecer al cuerpo de Cristo, siempre y cuando estas sean monógamas, responsables y basadas en el amor entre adultos. Dos personas del mismo sexo comprometidas mutuamente en un pacto de amor ante Dios y ante los hombres, cuyas vidas estén consagradas a Dios entre sí y busquen mantener una relación personal con el Salvador de sus vidas son más que bienvenidas. No solo eso, sino que se los alienta a vivir una vida plena, fructífera, compartiendo la maravillosa experiencia de compar-

---

tantes de por lo menos seis meses de duración, que implica el hecho de observar ocultamente a otras personas cuando están desnudas o en actividad sexual. La persona ha actuado de acuerdo con estas necesidades o se encuentra marcadamente perturbada ellas. Fuente: http://www.sexualidad.es/index.php/Voyeurismo.

tir con un grupo de hermanos en la fe, donde crecer, madurar y compartir las bendiciones del Señor y la vida cristiana.

Otra asunto difundido a través de los medios es que los homosexuales, como grupo, desean explotar su "estatus" de víctimas por ser minorías. Si esto es cierto o no con relación a todos los grupos y organizaciones que representan a los homosexuales no puedo, honestamente, negar o afirmarlo. Obviamente no puedo hablar en nombre de todas las organizaciones que existen, pero sí puedo hablar del grupo al cual represento. Los homosexuales nacidos de nuevo no necesitan explotar su "estatus" de víctimas porque no lo son. Como hijos de Dios, son más que vencedores y jamás serán minoría. Pablo lo explica muy bien y mucho mejor de lo que podría hacerlo yo en su epístola a los Romanos 8: 31-39:

¿Qué, pues, diremos a esto? Si Dios es por nosotros, ¿quién contra nosotros? El que no escatimó ni a su propio Hijo, sino que lo entregó por todos nosotros, ¿cómo no nos dará también con él todas las cosas? ¿Quién acusará a los escogidos de Dios? Dios es el que justifica. ¿Quién es el que condenará? Cristo es el que murió; más aun, el que también resucitó, el que además está a la diestra de Dios, el que también intercede por nosotros. ¿Quién nos separará del amor de Cristo? ¿Tribulación, o angustia, o persecución, o hambre, o desnudez, o peligro, o espada? Como está escrito: Por causa de ti somos muertos todo el tiempo; somos contados como ovejas de matadero. Antes, en todas estas cosas somos más que vencedores por medio de aquel que nos amó. Por lo cual estoy seguro de que ni la muerte, ni la vida, ni ángeles, ni principados, ni potestades, ni lo presente, ni lo por venir, ni lo alto, ni lo profundo, ni ninguna otra cosa creada nos podrá separar del amor de Dios, que es en Cristo Jesús Señor nuestro.[318]

Tal vez podremos padecer y ser víctimas de las críticas y la discriminación pero ¿acaso pretenderemos ser mayores que

---

[318]   *Reina-Valera* (1960).

nuestro Maestro? ¿Acaso no sufrió él de lo mismo? Por la Gracia de Dios somos sus hijos y amigos. Hemos sido justificados y estamos unidos al Señor en espíritu, somos uno con Él. Por haber sido comprados a precio de sangre, pertenecemos a Dios y somos miembros del cuerpo de Cristo. Al igual que todo cristiano nacido de nuevo, somos santificados en él. Hemos sido adoptados como hijos de Dios y tenemos acceso directo a Dios por medio del Espíritu Santo. Por la obra de Cristo hemos sido redimidos y perdonados de todos nuestros pecados. ¿Acaso necesitamos algo más? En Cristo estamos completos. ¡Aleluya!

Las comunidades cristianas homosexuales no buscan "confundir" ni "neutralizar" las iglesias, mucho menos "difamar" y "estereotipar" a los cristianos como en ocasiones se los ha acusado. Jesús claramente advierte: "Todo reino dividido contra sí mismo es asolado, y toda ciudad o casa dividida contra sí misma no permanecerá".[319] Esta es una verdad universal. El mejor de los proyectos fracasa si no hay unidad. Cuando hay división, ningún plan prospera. Por ello Satanás causa divisiones entre los cristianos. Al dividirnos, sospechar unos de otros y fijarnos en nuestros puntos débiles, estamos violando el más sagrado principio del éxito colectivo: la unidad. "Ay del que haga tropezar a alguno de estos pequeños que creen en mí, mejor le fuera que se le colgase al cuello una piedra de molino de asno, y que se le hundiese en lo profundo del mar. ¡Ay del mundo por los tropiezos!, porque es necesario que vengan tropiezos, pero ¡ay de aquel hombre por quien viene el tropiezo!".[320] Nuestro interés es que entre todos se hable "una misma cosa, y que no haya entre nosotros divisiones, sino que estemos perfectamente unidos en una misma mente y en un mismo parecer"[321].

---

[319] Ibídem, Mt 12:25
[320] Ibídem, Mt 18:6,7
[321] Ibídem, 1 Co 1.10-11

Otro mito popular habla del interés político que existe en la comunidad homosexual para lograr algún tipo de poder o influencia política. Esto es muy posible en el ambiente secular y algunas organizaciones (representadas por o que representan a los homosexuales) que se han expresado abiertamente al respecto. Lo que no me parece correcto, y es mi postura pastoral, es que la Iglesia se involucre en procesos políticos. Cada día son más las voces de "líderes" cristianos que hablan sobre la "tarea" que tienen los cristianos de conquistar el mundo para Cristo, y aunque este mensaje suena muy bonito, Cristo nunca prometió que el mundo sería ganado ni siquiera por la proclamación del evangelio de su gracia. Jesús comparó claramente las diferencias entre su reino y los reinos de este mundo diciendo:

*...Sabéis que los gobernantes de las naciones se enseñorean de ellas, y los que son grandes ejercen sobre ellas potestad. **Mas entre vosotros no será así**, sino que el que quiera hacerse grande entre vosotros será vuestro servidor, y el que quiera ser el primero entre vosotros será vuestro siervo; como el Hijo del Hombre no vino para ser servido, sino para servir, y para dar su vida en rescate por muchos.*[322]

El concepto del dominio estaba muy lejos de lo que él esperaba de sus discípulos, pero parece que hoy en día se le ha dado un nuevo significado a la "gran comisión".

Jesucristo pudo haber dicho mucho sobre el asunto de cambiar o controlar los gobiernos, pero no lo hizo, aún viviendo en una época controlada por un malvado césar, y un gobierno corrupto y opresor como lo fue Roma. A diferencia de las constantes represiones contra los líderes religiosos de su época, Cristo solo mencionó a césar en una sola ocasión: "**Pues dad a César lo que es del César, y a Dios lo que es de Dios**".[323]En Hechos 25:8 encontramos a Pablo

---

[322]   *Reina-Valera* (1960). 1998, Mt 20:25-28. Destacados en negrita del autor.

[323]   Ibídem, Lc 20:25. Destacados en negrita del autor.

declarando su obediencia a la ley romana: "Ni contra la ley de los judíos, ni contra el templo, ni contra César he pecado en nada".[324]Observe la posición de Pablo y Pedro con relación a este asunto en los siguientes textos bíblicos.

[1]Sométase toda persona a las autoridades superiores; porque no hay autoridad sino de parte de Dios, y las que hay, por Dios han sido establecidas. [2]De modo que quien se opone a la autoridad, a lo establecido por Dios resiste; y los que resisten, acarrean condenación para sí mismos. [3]Porque los magistrados no están para infundir temor al que hace el bien, sino al malo. ¿Quieres, pues, no temer la autoridad? Haz lo bueno, y tendrás alabanza de ella; [4]porque es servidor de Dios para tu bien. Pero si haces lo malo, teme; porque no en vano lleva la espada, pues es servidor de Dios, vengador para castigar al que hace lo malo. [5]Por lo cual es necesario estarle sujetos, no solamente por razón del castigo, sino también por causa de la conciencia. [6]Pues por esto pagáis también los tributos, porque son servidores de Dios que atienden continuamente a esto mismo. [7]Pagad a todos lo que debéis: al que tributo, tributo; al que impuesto, impuesto; al que respeto, respeto; al que honra, honra.[(A)] [8]No debáis a nadie nada, sino el amaros unos a otros; porque el que ama al prójimo, ha cumplido la ley. [9]Porque: No adulterarás,[(B)] no matarás,[(C)] no hurtarás,[(D)] no dirás falso testimonio,[(E)] no codiciarás,[(F)] y cualquier otro mandamiento, en esta sentencia se resume: Amarás a tu prójimo como a ti mismo.[(G)] [10]El amor no hace mal al prójimo; así que el cumplimiento de la ley es el amor.[325]

[11]Amados, yo os ruego como a extranjeros y peregrinos, que os abstengáis de los deseos carnales que batallan contra el alma,

---

324   Reina-Valera (1960). Destacados en negrita del autor.
325   Ibídem, Ro 13:1-10. Destacados en negrita del autor.

¹²manteniendo buena vuestra manera de vivir entre los gentiles; para que en lo que murmuran de vosotros como de malhechores, glorifiquen a Dios en el día de la visitación, al considerar vuestras buenas obras. ¹³Por causa del Señor **someteos a toda institución humana, ya sea al rey, como a superior, ¹⁴ya a los gobernadores, como por él enviados** *para castigo de los malhechores y alabanza de los que hacen bien. ¹⁵Porque esta es la voluntad de Dios: que haciendo bien, hagáis callar la ignorancia de los hombres insensatos; ¹⁶como libres, pero no como los que tienen la libertad como pretexto para hacer lo malo, sino como siervos de Dios. ¹⁷Honrad a todos. Amad a los hermanos. Temed a Dios.* **Honrad al rey. ¹⁸Criados, estad sujetos con todo respeto a vuestros amos; no solamente a los buenos y afables, sino también a los difíciles de soportar.** *¹⁹Porque esto merece aprobación, si alguno a causa de la conciencia delante de Dios, sufre molestias padeciendo injustamente. ²⁰Pues ¿qué gloria es, si pecando sois abofeteados, y lo soportáis? Mas si haciendo lo bueno sufrís, y lo soportáis, esto ciertamente es aprobado delante de Dios.*[326]

¹Exhorto ante todo, a que se hagan rogativas, oraciones, peticiones y acciones de gracias, por todos los hombres; **²por los reyes y por todos los que están en eminencia,** *para que vivamos quieta y reposadamente en toda piedad y honestidad. ³Porque esto es bueno y agradable delante de Dios nuestro Salvador, ⁴el cual quiere que todos los hombres sean salvos y vengan al conocimiento de la verdad.*[327]

Se hace evidente que el mensaje bíblico choca de frente con el mensaje de muchos "líderes" que hoy intentan involucrar a la Iglesia en asuntos políticos. El mensaje bíblico para la Igle-

---

[326]   Ibídem, 1 Pe 2:11-20. Destacados en negrita del autor.
[327]   Ibídem, 1 Ti 2:1-4. Destacados en negrita del autor.

sia es claro: "sométanse a los gobiernos terrenales, cumplan y obedezcan las leyes, den testimonio de piedad, de honestidad y den ejemplo de buenas obras". Pero muchos hoy en día parecen estar muy ocupados reclamando sus derechos.

Liberar a los hombres del corrupto Imperio Romano no fue el propósito del mensaje de Cristo, el pueblo de Israel malinterpretó la misión del Mesías, pensando que él los liberaría del yugo romano, cuando realmente buscaba liberarlos de una esclavitud aún mucho peor, la esclavitud del pecado y su castigo eterno.

El objetivo principal de las comunidades cristianas homosexuales es exactamente el mismo que deberían tener todas las demás congregaciones cristianas, alcanzar a todo el que no conozca a Cristo ni su mensaje redentor y, luego de alcanzarlos, estimularlos para que cultiven una relación estrecha con su Salvador. Que sus integrantes practiquen más el proselitismo dentro de la comunidad homosexual es obvio, pues existe allí una necesidad que no está siendo suplida por nadie más. Los heterosexuales tienen suficientes lugares para ser alcanzados, hay suficientes iglesias, hay para todos los gustos y de todos los colores.

Esto es crítico, claro que sí, pero al que le caiga el sayo que se lo ponga. Y esto aplica a todos, heterosexuales y homosexuales. Hoy día son muchos los que buscan iglesias que prediquen lo que quieren escuchar, y cuando escuchan algo que no les agrada buscan seguida otra iglesia donde se sientan cómodos. A este fenómeno le llamo *iglesias a la carta*. El verdadero cristiano busca agradar y obedecer al Señor y no lo contrario.

Sé que existen muchas más falacias y mitos relacionados con las comunidades cristianas homosexuales pero realmente resultaría demasiado extenso contestar a todas ellas. Sin embargo, usted mismo puede visitar las distintas comunidades homosexuales cristianas y llevar sus inquietudes y preguntas. Le aseguro que no será rechazado y podrán satisfacer sus dudas y observar de primera mano lo que en ellas ocurre. No se preocupe, no se contagiará de nada y si no es homosexual tampoco se convertirá en uno por visitar sus iglesias. Lo que posiblemente ocurra es que se contagie con un entusiasmo extremo, una gran camaradería, alegría, gozo y paz sobrenatural. Es muy posible que cambie su perspectiva y opinión con respecto a los homosexuales, o es posible que hasta decida quedarse en una de ellas y adorar junto a sus nuevos hermanos en Cristo. Si no cambia de opinión pues al menos satisface su curiosidad y aclara sus dudas.

Capítulo XII
El mensaje de Cristo es para todos

"... Si vosotros permaneciereis en mi palabra, seréis verdaderamente mis discípulos; y conoceréis la verdad, y la verdad os hará libres."[328]

Algunas personas insisten en pensar que el mensaje de Jesucristo está condicionado de alguna manera al cumplimiento de ciertos prerrequisitos cuando en realidad no los hay. Su mensaje es uno profundo pero indiscutiblemente sencillo, no discrimina a persona alguna, y en su pacto de salvación no hay cláusulas escondidas.

A través de los años, como cristiano y como ministro, he aprendido por medio de las Escrituras que la verdad es el elemento que realmente trae libertad en todos los aspectos de la vida humana. Jesús es la verdad y es el único que puede hacer libre al cautivo. Jesús mismo confesó: "Yo soy el camino, y la verdad, y la vida; nadie viene al Padre, sino por mí".[329] Mientras hablaba sobre su próxima partida al cielo, explicó: "Pero cuando venga el Espíritu de verdad, él os guiará a toda la verdad".[330]Y mientras oraba por sus discípulos justo antes de ser arrestado leemos: "... Santifícalos en tu verdad; tu

---

[328]   IIbídem, Jn 8.31-33.
[329]   Ibídem, Jn 14.6-7.
[330]   Ibídem, Jn 16.13.

palabra es verdad".[331] Ahora bien, esta verdad les pertenece a todos y no existe razón alguna para que se prive o limite de ella a la comunidad homosexual.

Es la Iglesia la responsable de sostener, defender y divulgar la verdad. El mensaje del evangelio debe ser promulgado a todos y confiar en el poder del Espíritu Santo para la transformación de los corazones que escuchan. Convencer y transformar las vidas es trabajo del Espíritu Santo, no de los hombres.

El mensaje del evangelio ha sido bien recibido por la comunidad homosexual trayendo la paz y esperanza prometida por nuestro Señor Jesucristo a incontables seres humanos que anhelaban poder relacionarse con su Creador. Este es el mensaje que recibimos, nos salvó y es el mensaje que promulgamos. Responsablemente lo incluimos aquí para todo aquel que realmente lo necesite, sea homosexual o heterosexual, el mensaje es el mismo para todos, no hay un mensaje para los heterosexuales y otro para los homosexuales. Las reglas son las mismas, los requisitos son los mismos, las responsabilidades son idénticas y las recompensas se repartirán en igualdad de condiciones de acuerdo a lo productiva que haya sido su nueva vida.

Cuando le abres tu corazón al Señor Jesucristo y le pides que sea tu Salvador comienzas un emocionante viaje. Al pagar Jesús el precio por tus pecados tomando él tu lugar en la cruz del calvario pasas de muerte a vida y junto a esa nueva vida recibes una serie de bendiciones que te serán útiles durante el corto tiempo de vida terrenal que te quede. Y digo "corto" porque nada se compara con la eternidad que nos espera.

Posiblemente sea uno de los que se preguntan: "¿Pecador yo?, ¿qué pecado he cometido?, yo soy una persona buena, no necesito arrepentirme de nada", pero las Sagradas Escrituras enseñan otra cosa: "Todos han pecado y están lejos de

---

[331]   Ibídem, Jn 17.15-18.

la presencia gloriosa de Dios".[332]La mayoría de las personas piensa en la palabra "pecado" y buscan en sus mentes aquellos momentos en que hicieron algo malo, pero no siempre es así. El pecado no es otra cosa que transgredir la ley de Dios, o sea, desobedecer la voluntad de Dios. El pecado no es solamente lo que hacemos. En ocasiones se trata de aquello que no hacemos. Por ejemplo, vivir sin tomar en cuenta a Dios, siendo rebelde e independiente de Él, sino ora y busca su consejo o sino busca a Dios mediante la lectura y el estudio de Su Palabra. Todo esto tiene consecuencias: "El pago que da el pecado es la muerte",[333]pero existe esperanza: "Pero el don de Dios es vida eterna en unión con Cristo Jesús, nuestro Señor".[334]Entre los beneficios adquiridos al aceptar al Señor Jesucristo como Salvador están convertirse en hijo adoptado por Dios, ser perdonado de todos los pecados pasados, presentes o futuros; ser libre de ataduras, malos hábitos y vicios pasados; ser ciudadano del cielo, ser santo y convertirse en templo del Espíritu Santo. ¿No es eso maravilloso? Y estas son solo algunas de las bendiciones que recibe. Su vida cambia radicalmente y tiene la libertad de relacionarse personalmente con su Salvador. Se preguntara por qué todo esto. La respuesta es sencilla:

Porque de tal manera amó Dios al mundo, que ha dado a su Hijo unigénito, para que todo aquel que en él cree, no se pierda, mas tenga vida eterna. Porque no envió Dios a su Hijo al mundo para condenar al mundo, sino para que el mundo sea salvo por él. El que en el cree, no es condenado; pero el que no cree, ya ha sido condenado, porque no ha creído en el nombre del unigénito Hijo de Dios[335].

Jesús dijo estas palabras a Nicodemo luego de haberle explicado que le era necesario nacer de nuevo. ¿Cómo era

---

[332] *La Santa Biblia Dios Habla Hoy* (1996), Ro 3:23.

[333] Ibídem, Ro 6:26ª.

[334] Ibídem, Ro 6:26b.

[335] Versión *Reina-Valera* (1960), Jn 3.16-18.

posible esto si Nicodemo era un miembro del sanedrín judío? Era, por así decirlo, un religioso prominente en su tiempo. Jesús conoce la necesidad de cada persona y Nicodemo necesitaba tener un poderoso encuentro con el Salvador. Esto demuestra que no importa lo buena que crea haya sido su vida, si no ha nacido de nuevo está perdido. Muchos piensan que son cristianos porque nacieron dentro de una comunidad cristiana o porque todos en su casa o familia lo son. De alguna manera piensan que heredaron su salvación. Otros contestan sin vacilar que son cristianos sin tener la más mínima idea de lo que eso significa, simplemente entienden que lo son porque nacieron en la era cristiana. No hay nada más apartado de la verdad.

¿Ha nacido usted de nuevo? ¿Está usted absolutamente seguro de haber nacido de nuevo? Es cuestión de vida o muerte saber si lo está. Cualquier otra respuesta que no sea *sí* revela inseguridad y por consiguiente necesita urgentemente revisar los fundamentos de su fe. Nacer de nuevo no tiene nada que ver con obedecer leyes o reglamentos. Tampoco se logra asistiendo a los cultos en la iglesia u observando sus ritos religiosos. Todas estas cosas son buenas, pero en sí mismas no producen el nuevo nacimiento. Veamos qué nos enseñan la Escrituras sobre este asunto de la salvación y el nacer de nuevo.

> [5]*Nos salvó, **no por obras de justicia que nosotros hubiéramos hecho**, sino por su misericordia, por el lavamiento de la regeneración y por la renovación en el Espíritu Santo, [6]el cual derramó en nosotros abundantemente por Jesucristo nuestro Salvador, [7]para que **justificados por su gracia**, viniésemos a ser herederos conforme a la esperanza de la vida eterna.*[336]

---

[336]   Ibídem, Tit 3:5-7. Destacados en negrita del autor.

*⁸Porque **por gracia sois salvos** por medio de la fe; y esto **no de vosotros**, pues es don de Dios; ⁹**no por obras, para que nadie se glorie.**[337]*

Las Escrituras enseñan claramente que no hay absolutamente nada que podamos hacer, o dejar de hacer, para obtener la salvación. Nadie podrá, cuando esté parado frente al Todopoderoso, decir jamás "me la gané" o "lo logré". La salvación proviene del cielo y es un regalo de Dios, ese es el significado de la palabra "don". El nuevo nacimiento es posible gracias a la obra de Dios, no a la suya.

*¹²Mas a todos los que le recibieron, a los que creen en su nombre, les dio potestad de ser hechos hijos de Dios; ¹³**los cuales no son engendrados de sangre, ni de voluntad de carne, ni de voluntad de varón, sino de Dios.**[338]*

Es Dios mismo quien abre el camino para el nuevo nacimiento. Tan pronto pone su confianza en Él como su único Salvador y Señor de su vida, se produce el milagro del nuevo nacimiento.

⁴Según nos escogió en él antes de la fundación del mundo, para que fuésemos santos y sin mancha delante de él.[339]

²⁹Porque a los que antes conoció, también los predestinó para que fuesen hechos conformes a la imagen de su Hijo,

---

[337]   Ibídem, Ef 2:8-9. Destacados en negrita del autor.
[338]   Ibídem, Jn 1:12-13. Destacados en negrita del autor.
[339]   Ibídem, Ef 1:4-5.

para que él sea el primogénito entre muchos hermanos. ^{30}*Y a los que predestinó, a estos también llamó; y a los que llamó, a estos también justificó; y a los que justificó, a estos también glorificó.*

^{31}*¿Qué, pues, diremos a esto? Si Dios es por nosotros, ¿quién contra nosotros?* ^{32}*El que no escatimó ni a su propio Hijo, sino que lo entregó por todos nosotros, ¿cómo no nos dará también con él todas las cosas?* ^{33}**¿Quién acusará a los escogidos de Dios? Dios es el que justifica.**[340]

Solo tiene que creer y recibir. Estos son los requisitos, sencillos pero fundamentales. Primero, debe creer con su corazón, no simplemente con su cabeza, que Jesús fue crucificado para pagar el precio por nuestros pecados y que resucitó de los muertos. Las Escrituras señalan que hasta los demonios "creen y tiemblan",[341] así que cuando las Escrituras hablan de *creer* no hacen referencia solo a un mero ejercicio intelectual. Jesús es un Salvador vivo y *creer* en él significa confiar totalmente en él, en su persona, en su obra, en sus promesas y en nadie más para su salvación. Rendirse al señorío de Jesucristo no significa ser más religioso, hacer más obras de caridad o aumentar las ofrendas. Se trata de un pacto entre Dios y nosotros. Él acepta la responsabilidad de nuestra seguridad eterna y a cambio le damos a Él todo lo que es nuestro. Segundo, luego de creer en él debe recibirlo, abrir la puerta de su corazón para que entre a su vida y darle la potestad de cambiar lo que tenga que ser cambiado. Si le recibe y le abre la puerta, él entrará a su casa y transformará su vida. Los siguientes textos bíblicos confirman lo dicho.

---

[340]   Ibídem, Ro 8:29-33. Destacados en negrita del autor.
[341]   Ibídem, Stg 2:19. Destacados en negrita del autor.

*[24]De cierto, de cierto os digo: **El que oye mi palabra, y cree al que me envió**, tiene vida eterna; y no vendrá a condenación, mas ha pasado de muerte a vida.*[342]

*"[11]Y este es el testimonio: que Dios nos ha dado vida eterna; **y esta vida está en su Hijo.**[b] [12]El que tiene al Hijo, tiene la vida; el que no tiene al Hijo de Dios no tiene la vida.*[343]

*[8]... Esta es la palabra de fe que predicamos: [9]que si confesares con tu boca que Jesús es el Señor, y **creyeres en tu corazón** que Dios le levantó de los muertos, serás salvo. [10]Porque con el corazón se cree para justicia, pero con la boca se confiesa para salvación.*[344]

*[30]Y sacándolos, les dijo: Señores, ¿qué debo hacer para ser salvo? [31]Ellos dijeron: **Cree en el Señor Jesucristo, y serás salvo, tú y tu casa.**[345]*

*[12]**Mas a todos los que le recibieron, a los que creen en su nombre**, les dio potestad de ser hechos hijos de Dios.*[346]

*[20]He aquí, yo estoy a la puerta y llamo; **si alguno oye mi voz y abre la puerta**, entraré a él, y cenaré con él, y él conmigo.*[347]

---

[342]   Ibídem, Jn 5:24. Destacados en negrita del autor.
[343]   Ibídem, 1 Jn 5:11-12. Destacados en negrita del autor.
[344]   Ibídem, Ro 10:8-11. Destacados en negrita del autor.
[345]   Ibídem, Hch 16:30-32. Destacados en negrita del autor.
[346]   Ibídem, Jn 1:12. Destacados en negrita del autor.
[347]   Ibídem, Ap 3:20. Destacados en negrita del autor.

Una vez se produce en usted el nuevo nacimiento, como nuevo creyente tiene sus responsabilidades: "⁶Por tanto, **de la manera que habéis recibido al Señor Jesucristo, andad en él.**"[348] Es por medio de ese andar que crecemos y maduramos como creyentes. Por esto es que se anima al nuevo creyente a buscar la fraternidad cristiana legítima, o sea, una donde pueda aprender a andar a la luz de las Escrituras y se le pueda instruir en la verdad con amor; a estudiar las Sagradas Escrituras y memorizar aquellos versículos que le ayuden en su diario vivir y a desarrollar una vida de oración e intimidad con el Creador. A través del ministerio, intentamos educar y capacitar a los hermanos en la fe en el estudio sistemático de las escrituras ya que esta será su única arma contra las mentiras de Satanás.

Es importante que el nuevo creyente entienda que sus dificultades no desaparecerán de la noche a la mañana. Y es fundamental que lo entienda porque normalmente, y esto no es la regla, las personas se acercan al Señor cuando están en medio de la peor tormenta de sus vidas. El Señor cumplirá todas sus promesas en usted, pero puede existir una multitud de situaciones como presiones económicas, desempleo, frustraciones, alcoholismo, drogadicción, depresión, abandono familiar, desprecio, en fin, un sinnúmero de situaciones que podrían desalentarle, pero estas cosas no podrán ya jamás cambiar lo que sucedió en el momento en que nació de nuevo y esa verdad es la que le mantendrá libre para continuar haciendo lo que Dios desea en su vida. Los sentimientos y la verdad son dos cosas muy diferentes y la una no afecta realmente a la otra. Usted podría dejarse influenciar por sus sentimientos y la forma en que usted reacciona ante sus sentimientos podría afectar su percepción de la realidad, pero nunca cambiara la verdad. El creyente es salvo y su libertad en Cristo no está

---

[348]   Ibídem, Col 2:6. Destacados en negrita del autor.

condicionada a sus sentimientos. Siempre animo al creyente para que actúe de acuerdo a la verdad sin importar lo que sienta; sé que no es fácil por la forma en que estamos acostumbrados a pensar, pero es posible. Las Escrituras nos animan a hacerlo cuando enseña: "²No os conforméis a este siglo, sino transformaos por medio de la renovación de vuestro entendimiento, para que comprobéis cuál sea la buena voluntad de Dios, agradable y perfecta".[349]Toda la verdad relacionada al nuevo hombre, su nueva relación con el Creador, su nueva identidad en Cristo, etc., están reveladas en las Escrituras, por eso es tan importante conocerlas y entenderlas.

En ocasiones, algunas personas, al oírme hablar de estas cosas piensan que estoy hablándoles de pensamiento positivo, pero no es así. Las iglesias de hoy están siendo contaminadas con una serie de creencias acompañadas por nombres como *pensamiento positivo, actitud mental positiva, confesión positiva, pensamiento posibilista, nueva conciencia* y *sanidad interior,* por mencionar algunas. Entre las técnicas más utilizadas por este supuesto *nuevo pensamiento* dentro de las iglesias está la visualización. Estas creencias han venido a sustituir la fe en Dios por una "fe" en cierta fuerza misteriosa que puede ser manipulada mentalmente por las personas para obtener las cosas que desean. Este tipo de ideas y enseñanzas están confundiendo a los cristianos haciéndoles pensar que la fe es una fuerza que hace que las cosas sucedan simplemente porque creen en ellas. Al hacer estas cosas, la fe no es depositada en Dios, sino que se convierte en un tipo de poder que puede ser dirigido sobre Dios para que Él haga las cosas que le piden porque ellos han creído que Él puede hacerlas.

Hay muchos cristianos honestos creyendo que pueden hacer que sus sentimientos coincidan con la verdad de Dios, pero esto no sucederá, puede que lo intenten por un tiempo, pero nunca

---

[349]   Ibídem, Ro 12:2.

lo lograrán por completo. El creyente es libre y solo puede experimentar (o sentir) su libertad cuando decide creerle a Dios y actúa de acuerdo a Su verdad, sin hacerle caso a lo que pueda sentir. Esto es mucho más que pensamiento positivo. Sus pensamientos solo serán efectivos y edificantes si están fundamentados en la verdad de Dios revelada en las Santas Escrituras. Si usted cree la verdad, la verdad lo hará libre. La fe verdadera surge de una relación personal con Dios que convierte al cristiano en instrumentos de Su Amor, Gracia y Voluntad. Dios responde a las oraciones sobre el fundamento de Su Soberanía, Sabiduría, Misericordia y Gracia. Él no puede ser manipulado por ningún proceso o actitud mental, palabras habladas ni ningún otro tipo de artimaña o truco ideado por Sus Criaturas.

La sociedad humana, en todas partes del planeta, es propensa a formar grupos de acuerdo a la raza, negros, blancos, amarillos, etc.; el género, hombre, mujer; clases, alta, media, baja; orientación sexual, heterosexual, homosexual, bisexual, asexual, pansexual,[350] etc.; o religión, protestantes, católicos, judíos, musulmanes, budistas, etc. Sin embargo, Dios solo reconoce dos grupos en la humanidad: los que son salvos y los que no lo son. No importa a qué grupo usted crea pertenecer, las ideas que tenga con respecto a Dios, o la religión a la que diga pertenecer, la verdad es esta, solo hay dos grupos, ¿a cuál pertenece usted?

---

[350]   "La pansexualidad u omnisexualidad es una orientación sexual humana, caracterizada por la atracción estética, romántica o sexual por otras personas independientemente del sexo y género de las mismas. Por lo tanto, los pansexuales pueden sentirse atraídos por varones, mujeres y también por aquellas personas que no se sienten identificadas con la dicotomía varón/mujer o con la de masculino/femenino, incluyendo así, por ejemplo, a intersexuales, transexuales e intergéneros. La pansexualidad es la capacidad de amar a otra persona independientemente de su género. Los pansexuales afirman que para ellos el sexo y el género son conceptos vacíos de significado o que no tienen importancia". Fuente: http://es.wikipedia.org/wiki/Pansexualidad.

Capítulo XIII
La obra de Dios

"Los ciegos ven, los cojos andan, los leprosos son limpiados, los sordos oyen, los muertos son resucitados, y a los pobres es anunciado el evangelio".

Recuerdo una ocasión, fue en el mes de abril de 2006, mientras la iglesia en la cual servía se preparaba para las actividades correspondientes a la Semana Mayor (Semana Santa) y fueron a visitarnos unos periodistas. Esto, como resultado de un comunicado de prensa preparado por uno de los hermanos en el que se anunciaban las actividades para esa semana e invitaba a la comunidad en general a participar de ellas. Luego de haber realizado sus entrevistas incluyeron unas reseñas en los periódicos del país. Yo me encontraba entre las personas que habían entrevistado y a la pregunta de qué hacíamos para darnos a conocer respondí que, entre otras cosas, íbamos ocasionalmente a discotecas y puntos de encuentro de homosexuales a repartir tratados e invitar a las personas a visitar nuestra iglesia. Al salir eso publicado, de inmediato se formó tremenda polémica pública porque varios "líderes" religiosos se expresaron repudiando nuestros esfuerzos acusándonos de aberrados, diciendo que nuestro propósito al ir a esos lugares era buscar hombres y que ir allí era como ir al infierno a buscar almas. Fue una situación bastante incómoda y desafortunada tener que pasar toda la Semana Mayor escuchando, de parte de dichos "líderes", toda clase de insultos y burlas a través de los medios de comunicación del país.

Sin embargo, nuestro Señor atravesó muchas situaciones similares en las que fue criticado por hacer la voluntad de su Padre. Una de estas situaciones la encontramos en el capítulo 11 del evangelio de Mateo, donde Jesús responde a sus críticos diciendo:

[16]Mas ¿a qué compararé esta generación? Es semejante a los muchachos que se sientan en las plazas, y dan voces a sus compañeros, [17]diciendo: Os tocamos flauta, y no bailasteis; os endechamos, y no lamentasteis. [18]Porque vino Juan, que ni comía ni bebía, y dicen: Demonio tiene. [19]Vino el Hijo del Hombre, que come y bebe, y dicen: He aquí un hombre comilón, y bebedor de vino, amigo de publicanos y de pecadores. Pero la sabiduría es justificada por sus hijos.[351]

Esta es la versión bíblica del dicho popular que dice "palos si bogas y palos si no bogas". Las personas nunca estarán conformes, no importa lo bien o lo mal que se hagan las cosas, siempre aparecerá alguien a criticar o reprochar el trabajo realizado.

El *Comentario Bíblico Mundo Hispano* indica sobre este texto lo siguiente:

A Juan el Bautista se le criticó por ermitaño; a Jesús por contemporizar con los que le rodeaban, ser amigo de los publicanos, de los zelotes y de otros que moralmente parecían despreciables. En nuestra actualidad, la gente tiene necesidad tanto del ministro que los acerca a Dios como de aquel que los acerca entre sí. Hay pastores que parecen darse mucho a la oración, a la devoción, e inspiran a la congregación en el acercamiento a Dios para alabarle. Pero otros parecieran estar más entre la gente, menos en el santuario y más en la acción. Hay creyentes que desean ver al pastor solo en actitud piadosa, enclaustrado en las paredes del templo. Otros exigen, en cambio, ver al pastor como un hombre de Dios inserto un poco más en la realidad, declarando los males sociales, advirtiendo a las autoridades por la violación de los derechos y preocupándose por las necesidades humanas.

---

[351]   Versión *Reina-Valera* (1960), Mt 11.16-19.

Hemos de orar para que Dios nos dé el pastor que nos inspire a buscar al Señor permanentemente, nos hable en su nombre, nos ayude espiritualmente, pero también que como Jesucristo, camine entre nuestra gente, se acerque a los pecadores y tienda una mano al necesitado. Que esté tan cerca del creyente piadoso de nuestro templo como del obrero de la fábrica. Que sea un ferviente hombre de oración, pero dinámico para la acción en demanda de equidad y de justicia. Que esté impregnado del espíritu solitario de Juan el Bautista para la meditación, pero lleno del poder de Jesucristo para la acción. Tan deseoso de soledad para compartir con el Señor lo que le sucede a la gente, como de anhelar estar con la gente para compartir lo que dice nuestro Salvador (11:18, 19).[352]

Ahora…, no me parece que haya dudas sobre la obra que vino a realizar Jesús a la Tierra, ni a quiénes les predicó ni con quiénes se juntaba, pues las Escrituras son bastante claras al respecto.

[10] Y aconteció que estando él sentado a la mesa en la casa, he aquí que muchos publicanos y pecadores, que habían venido, se sentaron juntamente a la mesa con Jesús y sus discípulos. [11] Cuando vieron esto los fariseos, dijeron a los discípulos: ¿Por qué come vuestro Maestro con los publicanos y pecadores?[353]

[19] Vino el Hijo del Hombre, que come y bebe, y dicen: He aquí un hombre comilón, y bebedor de vino, amigo de publicanos y de pecadores.[354]

[15] Aconteció que estando Jesús a la mesa en casa de él, muchos publicanos y pecadores estaban también a la mesa juntamente

---

[352]   Carro, Poe, y Zorzoli (1993).
[353]   Versión *Reina-Valera* (1960).
[354]   Ibídem, Mt 11:19.

con Jesús y sus discípulos; porque había muchos que le habían seguido. ¹⁶Y los escribas y los fariseos, viéndole comer con los publicanos y con los pecadores, dijeron a los discípulos: ¿Qué es esto, que él come y bebe con los publicanos y pecadores? ¹⁷Al oír esto Jesús, les dijo: Los sanos no tienen necesidad de médico, sino los enfermos. No he venido a llamar a justos, sino a pecadores.³⁵⁵

En ocasiones, aquellos que decidimos ser discípulos del Maestro pensamos si estamos haciendo bien las cosas, máxime cuando estamos siendo bombardeados constantemente por las críticas. Es de esperarse que surjan preguntas y dudas. Juan el Bautista también tuvo las suyas y por eso envió a dos de sus discípulos a preguntarle al Maestro: "¿Eres tú el que había de venir, o esperaremos a otro?". Jesús les contestó: "Id, haced saber a Juan lo que habéis visto y oído: los ciegos ven, los cojos andan, los leprosos son limpiados, los sordos oyen, los muertos son resucitados, y a los pobres es anunciado el evangelio; y bienaventurado es aquel que no halle tropiezo en mí".³⁵⁶¡Qué hermosa respuesta! El mensaje es realmente claro y no podría ser más simple, un buen árbol da buen fruto, un árbol malo no puede dar buen fruto porque cada árbol se conoce por su fruto.

Cristo hacía referencia a las profecías de Isaías:

Tus muertos vivirán; sus cadáveres resucitarán. ¡Despertad y cantad, moradores del polvo! porque tu rocío es cual rocío de hortalizas, y la tierra dará sus muertos.³⁵⁷En aquel tiempo los sordos oirán las palabras del libro, y los ojos de los ciegos verán en medio de la oscuridad y de las tinieblas. Entonces los humildes crecerán en alegría en Jehová, y aun los más pobres de los hombres se gozarán en el Santo de Israel.³⁵⁸Entonces los ojos de los ciegos serán

---

355   Ibídem, Mc 2:15-17.
356   Ibídem, Lc 7:18-20.
357   Ibídem, Isa 26:19.
358   Ibídem, Isa 29:18, 19.

abiertos, y los oídos de los sordos se abrirán. Entonces el cojo saltará como un ciervo, y cantará la lengua del mudo; porque aguas serán cavadas en el desierto, y torrentes en la soledad.[359]

El Espíritu de Jehová el Señor está sobre mí, porque me ungió Jehová; me ha enviado a predicar buenas nuevas a los abatidos, a vendar a los quebrantados de corazón, a publicar libertad a los cautivos, y a los presos apertura de la cárcel.[360]

En Jesús se estaban cumpliendo las profecías, las señales que le acompañaban en su ministerio debían ser suficientes para convencer a Juan el Bautista de que él era el Mesías prometido. Esta respuesta debe ser suficiente para cada uno de sus discípulos hoy. En aquella época la duda era: "¿Eres tú..., o esperaremos a otro?". Para muchos hoy la duda es: "¿Pueden existir cristianos homosexuales?, ¿puede Dios aceptarlos como hijos suyos?". En Marcos 9:38-41 leemos:

Juan le respondió diciendo: Maestro, hemos visto a uno que en tu nombre echaba fuera demonios, pero él no nos sigue; y se lo prohibimos, porque no nos seguía. Pero Jesús dijo: No se lo prohibáis; porque ninguno hay que haga milagro en mi nombre, que luego pueda decir mal de mí. Porque el que no es contra nosotros, por nosotros es. Y cualquiera que os diere un vaso de agua en mi nombre, porque sois de Cristo, de cierto os digo que no perderá su recompensa.

La respuesta de Jesús al apóstol Juan surge justo después de que los discípulos habían discutido entre ellos sobre quién había de ser el mayor entre ellos. Los doce todavía tenían que aprender que parte del costo del reino de Dios era cesar en la búsqueda de posiciones prominentes o privilegios personales. La condición de siervo y la humildad son las únicas conductas que engrandecen al cristiano. Luego Juan parece haber sentido orgullo porque los discípulos habían prohibido a una persona, fuera de su propio círculo, echar fuera

---

[359]   Ibídem, Isa. 35:5, 6.
[360]   Ibídem, Isa. 61:1.

a los demonios. El hecho de que ese hombre echaba fuera demonios en el nombre de Jesús es indicio de que era un creyente o seguidor de Jesús. Las Santas Escrituras enseñan claramente que nadie tiene un monopolio sobre la obra del reino. Los cristianos debemos aceptar el éxito de otros con humildad y regocijo. Ninguna obra hecha para Cristo quedará sin recompensa, no importa quien la haga. ¿Podrán entender los cristianos de hoy esta enseñanza de Jesús?: "El que no es contra nosotros, por nosotros es".

Poner una piedra de tropiezo en la senda de otra persona será castigado severamente:

*⁶Y cualquiera que haga tropezar a alguno de estos pequeños que creen en mí, mejor le fuera que se le colgase al cuello una piedra de molino de asno, y que se le hundiese en lo profundo del mar. ⁷¡Ay del mundo por los tropiezos! porque es necesario que vengan tropiezos, pero ¡ay de aquel hombre por quien viene el tropiezo!*³⁶¹

A pesar de estas severas advertencias, muchos persisten en hacer tropezar a los homosexuales que buscan de Dios. Para el Señor, el desarrollo espiritual de sus pequeñitos es sumamente importante, tanto así que lo ilustra diciendo:

*⁸Por tanto, si tu mano o tu pie te es ocasión de caer, córtalo y échalo de ti; mejor te es entrar en la vida cojo o manco, que teniendo dos manos o dos pies ser echado en el fuego eterno.ᶜ ⁹Y si tu ojo te es ocasión de caer, sácalo y échalo de ti; mejor te es entrar con un solo ojo en la vida, que teniendo dos ojos ser echado en el infierno de fuego.*ᵈ³⁶² En realidad, el valor del reino de Dios es tan grande que no hay sacrificio que sea demasiado grande. La mano, el pie y el ojo representan las posesiones humanas más preciosas, para algunos hoy día bien podría ser la lengua. Aun así, sería mejor perderlos que perder el reino de Dios. Por supuesto, esto es metafórico y no literal.

---

[361]   Ibídem, Mt 18:6-8.
[362]   Ibídem, Mt 18:8-9.

El propósito del Maestro era enfatizar la seriedad de impedir el desarrollo espiritual de sus pequeñitos.

Muchos critican y condenan hoy cualquier ministerio que se levante para ofrecer a la comunidad homosexual refrigerio espiritual. Critican y condenan la obra de Dios dentro de la comunidad homosexual porque no concuerda con el mensaje de juicio y condenación que predican. Las enseñanzas y el mensaje de Jesús les son piedra de tropiezo. A esa clase de personas el Señor les dijo: "… el reino de Dios será quitado de vosotros, y será dado a gente que produzca los frutos de él. Y el que cayere sobre esta piedra será quebrantado; y sobre quien ella cayere, le desmenuzará".[363]

La obra de Dios en medio de la comunidad homosexual es maravillosa. Alabamos y glorificamos el nombre de nuestro Dios porque hoy se cumplen las profecías:

"Tus muertos viven sus cadáveres han resucitado, hemos despertado y cantamos a la gloria de Jehová… la tierra a dado a sus muertos" (adaptación mía de Isa 26:19). "Sordos fuimos pero hemos oído las palabras del libro, ciegos fuimos pero nuestros ojos han visto en medio de la oscuridad y de las tinieblas. Humildemente crecemos y nos alegramos en Jehová, y aun los más pobres de los hombres se gozan en el Santo de Israel" (adaptación mía de Isa. 29:18, 19).

"El Espíritu de Jehová el Señor está sobre nosotros, porque nos ha ungido Jehová; nos ha enviado a predicar buenas nuevas a los abatidos, a vendar a los quebrantados de corazón, a publicar libertad a los cautivos, y a los presos apertura de la cárcel" (adaptación mía de Isa. 61:1).

"¿Eres tú…, o esperaremos a otro?", para el cristiano de hoy no hay duda de que Jesús era "el que había de venir".¿Pueden existir cristianos homosexuales? ¿Puede Dios aceptarlos como hijos suyos? La respuesta para ambas preguntas es un contundente **sí**.

---

[363]   Ibídem, Mt 21:43-44.

Nunca es tarde para conocer al Señor Jesucristo como único y suficiente Salvador. Solo él puede darle la paz que usted tanto necesita. Si no conoce al Señor Jesucristo como único y suficiente Salvador, este es el mejor momento para comenzar. Dirija una oración al Padre Celestial pidiendo perdón, reconózcalo como su Señor y Salvador e invítelo a entrar y gobernar su vida de ahora en adelante. Hágalo con sus propias palabras, el quiere escucharlo a usted. La oración puede ser algo parecido a esta:

Señor y Padre nuestro, vengo delante de ti en nombre de tu hijo amado Jesús. Confieso que soy pecador. He vivido apartado de ti, lejos de tu verdad, viviendo en desobediencia y rebeldía. Sé que te he ofendido, perdóname Señor.

Padre Santo, te doy gracias porque Jesucristo murió en mi lugar, en la cruz y derramó Su sangre, pagando así el precio de mis pecados, mi desobediencia y rebeldía. Cristo sufrió el castigo que yo merecía sufrir. Por esto ahora, me rindo y entrego toda mi vida a ti.

Señor Jesús, ven a mi vida. Te pido que seas mi Salvador y Señor. De ahora en adelante, voy a vivir para ti. Abandono lo que no te agrada. Tienes el derecho de arreglar mi vida como Tú quieras. Buscaré el compañerismo de Tu pueblo para aprender más de Ti. Gracias, Señor, por la salvación que me das. En el nombre de Jesucristo. Amén.

¡Bienvenido a la familia eterna de Dios!

Si ya le había conocido y por la razón que sea usted se alejó, quiero decirle que Él nunca se ha separado de usted y tiene sus brazos extendidos hacia usted para abrazarle y besarle. Si regresa, Él le vestirá con el mejor vestido, pondrá anillo en su dedo y calzado en sus pies. Se regocijará con usted, hará fiesta, como lo hizo el padre del hijo pródigo diciendo: **"Porque este mi hijo muerto era, y ha revivido; se había perdido, y es hallado".**

Capítulo XIV
Palabras finales

Luego de estudiar cuidadosamente los textos bíblicos en los que supuestamente se hace referencia a la homosexualidad, es claro que estos no hacen referencia al amor serio, genuino y responsable entre personas del mismo sexo.

Los teólogos y científicos en general aún debaten si el ser homosexual es una enfermedad, una decisión de vida, si se nace o si se produce por influencias sociales. Cada grupo utiliza a su favor aquellos teólogos y científicos que concuerdan con sus respectivas creencias. Pero, si fueran verdaderamente honestos, tendrían que reconocer que todavía no se sabe con seguridad a qué se debe la homosexualidad. Solo Dios en su omnisciencia conoce tal cosa. De todas formas, creo que el ser humano debe reconocer la soberanía de Dios y que hay cosas que no le son dadas a conocer, al menos no por ahora.

Dios por medio de Su Palabra (la Biblia) se da a conocer al hombre. Su propósito al darnos Su Palabra fue el de dar a conocer Su Plan para la redención de la humanidad. No era su propósito explicar o contestar todos los caprichos del hombre. La Palabra de Dios no entra en detalles con relación al tema de la homosexualidad, al menos no de la forma en que muchos quisieran que fuera, al igual que tampoco lo hace con relación a otros temas como la prehistoria, la edad del planeta Tierra o de la humanidad, los hermafroditas, los viajes espaciales o la vida en otros planetas.

Pero, el que no lo haga no quiere decir que a Dios no le interese o tenga el control sobre esos asuntos como Supremo Creador de TODO lo que existe, visible e invisible. Aún más, Su Plan de redención cubre TODOS los aspectos de la creación, y cuando Él haga TODAS las cosas nuevas, ya no importará con quién pasaste tus días en la Tierra:

"³⁰Porque en la resurrección ni se casarán ni se darán en casamiento, sino serán como los ángeles de Dios en el cielo".[364]

He cumplido con la tarea de presentar detenidamente y con profunda seriedad este tema y lo he sometido a la prueba de consistencia para la sana interpretación bíblica. Es claro que ningún texto bíblico impide que un homosexual se acerque, conozca y sirva al Señor con total convicción y devoción. Las objeciones existentes para impedir la comunión de homosexuales en la comunidad cristiana se basan en consideraciones extrabíblicas, tradiciones sociales y prejuicios religiosos que han encontrado cabida en algunas traducciones modernas de la Biblia pero que no pueden ser sustentadas con los textos sagrados escritos en sus lenguajes originales.

Las Sagradas Escrituras, tanto el Antiguo como el Nuevo Testamento, han mantenido consistentemente la misma posición sobre las actitudes y pecados que realmente condena, a saber: la idolatría, la prostitución idolátrica, la falta de amor y hospitalidad, las injusticias, el orgullo, la soberbia, la altanería, la saciedad de pan, la abundancia de ociosidad y el deseo de poder, entre otras. Esto demuestra lo que todos sabemos y conocemos acerca de Dios…, y lo que todos debieran saber…, que Dios NO cambia, que Su Mensaje ha sido, es y será siempre el mismo y que Él es el mismo ayer hoy y siempre. ¡Gloria a Dios!

---

[364] Versión *Reina-Valera* (1960)

La falta de conocimiento y desinformación sobre este tema ha traído como resultado la existencia de una distorsionada percepción popular de lo que realmente es ser homosexual. Socialmente existe la idea generalizada de que los homosexuales son personas indeseables, locamente vestidas, faltas de toda moral, irresponsables y sexualmente pervertidas. Realmente esta clase de personas sí existen, al igual que existen tales dentro de la sociedad heterosexual, pero en ambos casos predominan las personas responsables, honestas, trabajadoras y dignas. No se puede tapar el cielo con la mano, pero lo que está mal es promover una opinión generalizada. Y este ha sido precisamente el motor que me ha impulsado a producir este libro, combatir la desinformación y la falta de información, en especial dentro de las comunidades de habla hispana. Pero solo no podré hacerlo. Es necesario que se levanten muchos más para llevar este mensaje adonde tenga que llegar.

Es penoso decirlo, pero muchas iglesias y sus líderes colaboran con esta percepción generalizada contra los homosexuales. Se hace necesario un acercamiento real por parte de las iglesias para actuar efectivamente, reparando el gran daño que se ha cometido contra la comunidad homosexual. Solo piense un poco en el daño que les hacen a las personas cuando se les imponen cargas que ni siquiera nuestro Señor Jesucristo no les impuso. Dios tiene un mensaje claro para aquellos que haciéndose pasar por "líderes" o "ministros" persisten en dañar, impedir y alejar a las personas, incluyendo a los homosexuales, del camino hacia Dios. A estos el Señor les dice:

¡Ay de los pastores que destruyen y dispersan las ovejas de mi rebaño! dice Jehová. Por tanto, así ha dicho Jehová Dios de Israel a los pastores que apacientan mi pueblo: Vosotros dispersasteis mis ovejas, y las espantasteis, y no las habéis cuidado. He aquí que yo castigo la maldad de vuestras obras, dice Jehová. Y yo mismo recogeré el remanente de mis ovejas de todas las tierras a donde las eché, y las haré volver a sus moradas; y crecerán y se multiplicarán. Y pondré sobre ellas pastores que las apacienten; y no temerán más, ni se amedrentarán, ni serán menoscabadas, dice Jehová. [365]

El deseo de Dios siempre ha sido alcanzar a todo aquel que se encuentra extraviado, que necesite de Su Amor sanador y restaurador, convertirlo en hombre de bien y de provecho para la sociedad. Con mucha educación podremos ayudar a cambiar la percepción distorsionada en nuestras respectivas comunidades. Mostrándoles lo que es realmente ser homosexual. A cada uno le toca poner su grano de arena. El tiempo ha llegado y es ahora, para que se terminen de una vez por todas las luchas y los ataques en contra de cientos de hombres y mujeres honrados, honestos y decentes del mundo que están siendo atropellados por el mero hecho de ser homosexuales. Es tiempo para un acercamiento de restauración, sanidad y perdón.

Se hace evidente la enorme necesidad espiritual que existe dentro de la comunidad homosexual. Esta necesidad hay que suplirla ahora, las iglesias no deben darle la espalda a cantidad de hombres y mujeres mientras sus "líderes" deciden si la homosexualidad es creada o producida. ¿Cuánto tiempo más va a esperar su iglesia para abrir sus puertas a los homosexuales? ¿Cuántos homosexuales más perecerán eternamente por no haber recibido el mensaje de salvación? ¿Por cuánto tiempo más seguirán los rechazos, los abandonos, las muertes, los suicidios, el desprecio y el odio? ¿Adónde podrán acudir aquellos que desean llenar el vacío que solo Dios puede llenar? ¿Continuará permitiendo su iglesia que los homosexuales reemplacen su vacío con drogas, alcohol, prostitución, promiscuidad, espiritismo, santería, satanismo y cuántas otras cosas más, por no permitirles amparo y refugio?

---

[365]   Ibídem, Jer 23:1-4.

¿Estará cometiendo su iglesia el mismo pecado de Sodoma y Gomorra contra la comunidad homosexual al negarles su hospitalidad? ¿Por cuánto tiempo más seguirá la indiferencia?

Dios tenga misericordia de aquellos que se toman la libertad de juzgar libremente sobre el bienestar y las vidas de las personas cuando claramente el Señor Jesucristo lo condena:

> *No juzguéis, y no seréis juzgados; no condenéis, y no seréis condenados; perdonad, y seréis perdonados. Dad, y se os dará; medida buena, apretada, remecida y rebosando darán en vuestro regazo; porque con la misma medida con que medís, os volverán a medir.*[366]

Es muy posible que a pesar de los esfuerzos algunas iglesias persistan en condenar la homosexualidad. Esto es predecible, pero poco a poco, grano a grano, persona a persona, este mensaje, cual semilla, encontrará buen terreno profundo y fértil, donde pueda crecer y producir una gran cosecha para la gloria de Dios.

---

[366] Ibídem, Lc 6:37,38.

Apéndice I

Fundamentos teológicos

Como expresé al principio del libro, de la misma forma que existen múltiples denominaciones cristianas con diferentes criterios doctrinales, existen diferencias doctrinales dentro del universo de comunidades homosexuales cristianas. Sin embargo, con el propósito de compartir con las comunidades heterosexuales nuestras creencias teológicas, incluimos aquí la declaración de fe del ministerio en el cual Dios me ha permitido servir. No se sorprenda si al leerla encuentra serias semejanzas con lo que usted y su comunidad de fe creen.

Declaración de fe

Ya que entendemos que la Biblia es palabra de Dios dada al hombre y que Cristo mismo es el Verbo de Dios, nosotros la aceptamos como única y total autoridad en cuanto a toda doctrina y enseñanza. Los siguientes 16 puntos doctrinales son declarados como base para que en todos exista... "una misma cosa, y que no haya entre nosotros divisiones, sino que estemos perfectamente unidos en una misma mente y en un mismo parecer" (1 Co 1:10).

1. La Divina Inspiración de Las Escrituras

Las Sagradas Escrituras, tanto el Antiguo Testamento como el Nuevo Testamento, son verbalmente inspiradas de Dios, y son la revelación de Dios al hombre, la infalible y autoritaria regla de fe y conducta (2 Ti 3:15-17; 1 Ts 2:13; 2 P 1:21).

2. El Único Dios Verdadero

El Único Dios verdadero se ha revelado a sí mismo como el propio existente, eterno: él "Yo soy", el Creador de cielo y tierra y el Redentor de la raza humana (Dt 6:4; Mc 12: 29; Is 43:10, 11).

3. La Deidad del Señor Jesucristo

El Señor Jesucristo es el eterno Hijo de Dios. Las Escrituras declaran:
- Su nacimiento virginal (Mt 1:23; Lc 1:31-35).
- Su vida sin pecado (Heb 7:26; 1 P 2:22).
- Sus milagros (Hch 2:22; 10:38).
- Su obra de substitución en la cruz (1 Co 15:3; 2 Co 5:21). Su resurrección corporal de entre los muertos (Mt 28:6; Lc 24:39; 1 Co 15:4).
- Su exaltación a la diestra de Dios (Hch 1:9, 11; 2:33; Fil 2:9-11; Heb 1:3).

4. La caída del hombre

El hombre fue creado bueno y justo, porque Dios dijo: "Hagamos al hombre a nuestra imagen, conforme a nuestra semejanza". Mas el hombre, por transgresión voluntaria, cayó y, por lo tanto, se acarreó no solo la muerte física, sino también la muerte espiritual, que es separación de Dios (Gn 1:26, 27; 2:17, 3:6; Ro 5:12-19).

5. La salvación del hombre

La única esperanza de redención que tiene el hombre es a través de la sangre vertida por Jesucristo, el Hijo de Dios.

• Condiciones para la salvación. La salvación se recibe a través del arrepentimiento hacia Dios y fe en el Señor Jesucristo. El hombre es salvo por el lavacro de la regeneración y la renovación del Espíritu Santo, justificados por gracia, por medio de la fe, y como resultado, heredero de Dios según la esperanza de la vida eterna (Lc 24:47; Jn 3:3; Ro 10: 13-15; Ef 2:8; Tit 2:11; 3:5-7).

• La evidencia de la salvación. La evidencia interna de la salvación para el creyente es el testimonio directo del Espíritu Santo (Ro 8:16). La evidencia externa para toda persona es una vida de justicia y santidad verdadera, el fruto del Espíritu Santo (Ef 4:24; Tit 2:12).

6. Ordenanzas de la Iglesia: Bautismo en aguas y Santa Cena

• La ordenanza del bautismo por inmersión se establece en las Escrituras. Todos los que se arrepienten y creen en Cristo como Salvador y Señor tienen que ser bautizados. De esta manera, se da un testimonio al mundo de que la persona ha muerto con Cristo y que junto con Él se ha levantado a novedad de vida (Mt 28:19; Mc 16:16; Hch 10:47, 48; Ro 6:4). En aquellos casos en los que exista algún impedimento físico que imposibilite al creyente el bautismo por inmersión, quedará a discreción del pastor encargado la forma a utilizarse en cada caso particular.

• La cena del señor, que consiste en los dos elementos –el pan y el fruto de la vid– expresa nuestra participación de la naturaleza divina de nuestro Señor Jesucristo (2 P 1:4), un memorial de sus sufrimientos y muerte (1 Co 11:24), una profecía de su segunda venida (1 Co 11:26). Y es una ordenanza para todos los creyentes "hasta que Él venga".

7. El bautismo en el Espíritu Santo

Todos los creyentes tienen el derecho y deben ardientemente buscar la Promesa del Padre, el bautismo en el Espíritu Santo y fuego, de acuerdo al mandato del Señor Jesucristo. Esta era la experiencia general en la Iglesia cristiana primitiva. El bautismo en el Espíritu Santo es distinto de y subsecuente a la experiencia del nuevo nacimiento (Hch 8:12-17; 10:44-46; 11:14-16; 15:7-9) y trae la investidura de poder para la vida y el servicio, lo mismo que la dotación de los dones que son para sus usos respectivos en la obra del ministerio.(Lc 24:49; Hch 1:4, 8; 1 Co 12:1-31).

8. La evidencia del bautismo en el Espíritu Santo

El bautismo en el Espíritu Santo en los creyentes se evidencia por la señal inicial de hablar en otras lenguas según el Espíritu de Dios da que se hablen (Hch 2:4; 10:45,46).

9. Santificación

Santificación es un acto de separación de aquello que es malo y de dedicación a Dios (Ro 12: 1, 2; 1 Ts. 5:23, Heb 13:12).

10. La Iglesia

La Iglesia es el cuerpo de Cristo, la morada de Dios a través del Espíritu, divinamente señalada para el cumplimiento de su Gran Comisión. Cada creyente, nacido del Espíritu, es parte integrante de la Asamblea General o Iglesia de los Primogénitos, cuyos nombres están escritos en el cielo (Ef 1:22, 23; 2:22; Heb 12:23).

11. El ministerio

Un ministerio divinamente llamado y ordenado ha sido provisto por nuestro Señor Jesucristo con un triple propósito:
A. La evangelización del mundo (Mc 16:15-20).
B. La adoración a Dios (Jn 4:23, 24)

C. La edificación de un cuerpo de santos, perfeccionándose a la imagen de su Hijo (Ef 4:11-16).

12. La Sanidad Divina

La Sanidad Divina es una parte integral del Evangelio. La liberación de toda enfermedad ha sido provista para nosotros en el sacrificio de Cristo. Es el privilegio de todos los creyentes (Is 53:4, 5; Mt 8:16, 17; Stg 5:14-16).

13. La esperanza bienaventurada

La resurrección de aquellos que duermen en Cristo y su traslado junto con aquellos que vivimos y quedamos hasta la venida del Señor es la inminente y bendita esperanza de la Iglesia (1 Ts 4:16, 17; Ro 8:23; Tit 2:13; 1 Co 15:51-52).

14. El Reino Milenario de Cristo

La Segunda Venida de Cristo incluye el rapto de los santos, lo cual constituye la bendita esperanza del creyente, seguido por el visible retorno de Cristo con sus Santos para reinar en la Tierra por mil años (Za 14:5; Mt 24:27, 30; Ap 1:7; 19:11-14; 20:1-6).

15. El Juicio Final

Habrá un juicio final en el cual todos los inicuos muertos se levantarán para ser juzgados según sus obras; y el que no es hallado escrito en El Libro de la Vida, junto con el diablo y sus ángeles, la bestia y el falso profeta, serán confinados a eterno castigo en el lago ardiente con fuego y azufre, que es la muerte segunda. (Mt 25:46; Mc 9:43-48; Ap 19:20; 20:11-15; 21:8)

16. Cielos nuevos y tierra nueva

Nosotros, de acuerdo a sus promesas, esperamos cielos nuevos y tierra nueva, en los cuales mora la justicia (2 P 3:13; Rev. 21:1, 2).[367]

---

[367]   Fuente: www.libresporsugracia.org/Declaracion_de_Fe.htm

Apéndice 2

Palabras originales hebreas y griegas

Aquí encontrará una lista de palabras utilizadas en este libro tal como aparecen en los idiomas en que fueron escritas y sus significados según el *Diccionario Strong*. Es nuestro deseo y oración que la información aquí suministrada le ayude en su búsqueda de la verdad, verdad que se resume en una sola persona, Jesucristo de Nazaret.

Nueva Concordancia Strong Exhaustiva
Diccionario Strong de Palabras del Antiguo
y Nuevo Testamento
(James Strong)

Este libro está basado en una obra similar en inglés, la *New Strong's Exhaustive Concordance of the Bible*, publicada en 1990 por Thomas Nelson Publisher.

Plan del *Diccionario Strong*
1. Todas las palabras originales se presentan en orden alfabético, de acuerdo al alfabeto en sus idiomas originales, y siguiendo la numeración que les asignó el Dr. Strong. Esta numeración permite una fácil concatenación de diferentes palabras, tanto en el diccionario como en la parte principal de

la concordancia. Muchos libros de referencia usan los mismos números que determinó el Dr. Strong.

2. Inmediatamente después de la palabra en hebreo, arameo o griego se da una transliteración exacta en español, en nuestro alfabeto, siguiendo las pautas que se indican a continuación.

3. Luego se incluye la etimología, el significado de la raíz, y usos comunes de la palabra, junto con cualquier otro detalle importante.

4. En el caso de los nombres propios, se incluye el nombre tal como lo deletrea *Reina-Valera* 1960, acompañado de una breve explicación.

5. Finalmente, después de los dos puntos y raya (:-), se incluye una lista de todas las palabras que se usan en la *Reina-Valera*, revisión de 1960, para traducir esa palabra. En algunos casos se incluye una expresión o frase, cuando así lo traduce la Versión *Reina-Valera*.

Palabras de referencia:

H376

שִׁיא

ish

Contracción de H582 [o tal vez más de una raíz que no se usa que significa ser existente]; hombre como individuo o persona masculinos; que frecuentemente se usa como adjunto para un término más def. (y en tales casos frecuentemente no se expresa en las traducciones):-alguno, cadáver, casado, digno, extranjero, extraño, hombre, humano, Ishi, labrador, macho, marido, marinero, paladín, persona, soldado, varón. Compárese con H802.

H582

שׁוֹנָא

enósh

De H605; propiamente mortal (y así a diferencia de H120 que es más dignificado); de aquí, hombre en general (singular o colectivo):-amigo, aspecto, extranjero, gente, hombre, humano, marido, mortal, varón, viril, siervo. A veces no se lo expresa en español, específicamente cuando se lo usa en aposición con otra palabra. Compárese con H376.

H802
הָשָׁא

ishshá

Femenino de H376 o H582; plural irregular סִיעָנ nashim; mujer (que se usa en el mismo amplio sentido de H582):-hembra, mujer, varona.

H1086
הָלָב

balá

Raíz primaria; fallar; por implicación desgastar, decaer (causativo que se consuma, gastar):-consumir, -se, disfrutar, envejecer, gastar, -se, viejo.

H1097
לְב

belí

De H1086; propiamente falta, i.e. nada o destrucción; usualmente (con preposición) sin, aún no, porque no, mientras que, etc.:-corrupción, exento, donde no, falta, no, por accidente, por falta de, faltar, sin, sin intención, sin nombre, si no.

H1100
לְעַלְב

beliyaal

De H1097 y H3276; sin ganancia, inutilidad; por extensión destrucción, maldad (frecuente en conexión con H376, H802, H1121, etc.):-impío, injusto, malo, malvado, perversidad, perverso, pestilencial.

H2181

הָנָז

zaná

Raíz primaria [muy bien alimentado y por lo tanto desenfrenado]; cometer adulterio (por lo general de la mujer, y menos a menudo de simple fornicación, rara vez de embeleso involuntario); figurativamente cometer idolatría (siendo que al pueblo judío se le consideraba esposa de Jehová):-adulterar, apartar, cesar, cometer fornicación, dejar, fornicación, fornicar, fornicario, infiel, ir, prostituir, ramera.

H3045

עָדָי

yadá

Raíz primaria; conocer (propiamente asegurar al ver); usado en una gran variedad de sentidos, figurativamente, literalmente, eufemismo y inferencia (incluido observación, cuidado, reconocimiento; y causativo instrucción, designación, castigo, etc.) [como sigue]:-aparecer, caso, castigar, célebre, comprender, concernir, conocer, conocido, conocimiento, considerar, contar, contestar, cuidar, dar, declarar, desconocer, descubrir, diestro, diligente, dirigir, discernimiento, discernir, distinguir, docto, doler, echar, elocuente, encontrar, enseñar, entender, entendido, enterar, entrar, examinar, experimentado, experimentar, experto, familiar, hallar, ignorante, ignorar, informar, inquirir, insaciable, llegar, manifiesto, mostrar, notar, notificar, notorio, pariente, pensar, percibir, preocupar, príncipe, pronosticar, quebrantar, reconocer, responder, saber, a sabiendas, sabio, señalar, sentir, tener, ver.

H3276

לְעִי

yaál

Raíz primaria; propiamente ascender; figurativamente ser valioso (objetivamente útil, subjetivamente beneficiado):-aprovechar, mejorar, provecho, provechosamente, servir, útil.

H3611

בֶּלֶב

kéleb

De una raíz que no se usa que significa aullar, o también atacar; perro; de aquí, (por eufemismo) prostituto (hombre):-perro.

H5303

לִיפָן

nefíl

O לְפָן nefíl; de H5307; propiamente, derribador, i.e. patán o tirano:-gigante.

H5307

לְפָן

nafál

Raíz primaria; caer, en una gran variedad de aplicaciones (intr. o caus., lit. o figurativamente):-abatir, aceptar, acometer, adherir, apartar, apoderarse, arrojar, atacar, bajar, caer, caída, decaer, derramar, derribar, derrumbar, descender, desertor, desmayar, echar, elevar, faltar, humillar, llegar, matar, hacer morir, muerto, omitir, perder, perecer, posar, postrar, repartir, resolver, ruina, saltar, talar, tender, yacer.

H5375

אָשֵׂן

nasá

O הָסָן nasá (Sal 4.6 [7]); raíz primaria; elevar, en una gran variedad de aplicaciones, lit. y figurativamente, absol. y rel. (como sigue):-acarrear, hacer acepción, aceptar, acepto, admi-

tir, agradar, aliviar, alzar, anhelar, apresurar, arrancar, arre-
batar, arrojar, atender, ayudar, carga, cargar, compartir,
conducir, consumir, dar, distinguido, echar, elevar, empinado,
enaltecer, engrandecer, entonar, envanecer, erguir, erigir, eri-
zar, estima, estimular, exaltar, exigir, favor, favorecer, florecer,
ganar, gritar, hallar, honrar, impulsar, jurar, levantar, libertar,
llevar, mover, ofrecer, pagar, palo, perdonador, producir, quitar, rebelarse, recibir, reprimir, respetar, respeto, robar, sacar,
sentir, soportar, sostener, subir, sublime, suficiente, sufrir, sus-
tentar, tender, tener, tolerar, tomar, traer, venerable, vestir.

H6942
שָׁדַק
cadásh
Raíz primaria; ser (caus. hacer, pronunciar u observar como)
limpio (cerem. o mor.):-apartar, celebrar, consagrar, dedicar,
preparar, prometer, purificar, santificar, santo, señalar.

H6945
שֵׁדָק
cadésh
De H6942; una persona (casi) sagrada, i.e. (técnicamente)
devoto (masculino) (por prostitución) a la idolatría licenciosa:-
prostitución idolátrica, sodomita.

H6948
הְשֵׁדָק
quedeshá
Femenino de H6945; devota femenina (i.e. prostituta):-
ramera.

H8441
הָבֵעוֹת
toebá

O הָבֵעֹת toebá; participio activo femenino de H8581; propiamente algo repugnante (mor.), i.e. (como sustantivo) asquerosidad; especialmente idolatría o (concretamente) ídolo:-abominable, abominación, idolatría, ídolo.

H8581

בָעַת

taáb

Raíz primaria; desdeñar, i.e. (moralmente) detestar:-abominable, abominar, aborrecer, cometer abominación, hacerse aborrecible.

הָבֵעֹת toebá. Véase H8441.

G138

αἱρέομαι

jairéomai

Probablemente afín a G142; tomar para uno mismo, i.e. preferir:-escoger. Algunas de las formas son prestadas de un cognado ἕλλομαι jélomai; que es de otra manera obsoleto.

G142

αἴρω

aíro

Verbo primario, elevar, alzar; por implicación cargar o llevar cargando; figurativamente alzar (la voz), mantener en suspenso (la mente), específicamente izar velas (i.e. levar anclas); por hebraísmo [compare H5375] expiar el pecado:-alzar, cargar, levantar, levar ancla, llevar, ¡muera!, quitar, recoger, sostener, subir, tirar, tomar.

G405

ἀνδραποδιστής

andrapodistés

De un derivado de un compuesto de G435 y G4228; esclavizador (como trayendo a hombres a sus pies):-secuestrador.

G435
ἀνήρ
anér
Palabra primaria [compare G444]; hombre (propiamente como un varón individual):-esposo, hombre, marido, varón.

G444
ἄνθρωπος
ándsropos
De G435 y ὤψ óps (semblante; de G3700); con cara humana, i.e. un ser humano:-gente, hombre, humano, varón.

G575
ἀπό
apó
Partícula primario, "fuera," i.e. lejos (de algo cercano), en varios sentidos (de lugar, tiempo o relación; literalmente o figurativamente):-de, desde: En composición (como prefijo) por lo general denota separación, partida, cesación, terminación, reversión, etc.

G730
ἄῤῥην
arren
O ἄρσην ársen; probablemente de G142; varón (como más fuerte para levantar):-hijo, hombre, varón.

G733
ἀρσενοκοίτης
arsenokoítes
De G730 y G2845; sodomita:-que se echa con varón, sodomita.

G863
ἀφίημι
afíemi
De G575 y ἵημι jíemi (enviar; form. intensivo de εἶμι éimi, ir); enviar, en varias aplicaciones (como sigue):-perdonar, permitir, quedar, salir, abandonar, consentir, dejar, despedir, entregar, remitir.

G946
βδέλυγμα
bdélugma
De G948; una cosa detestable, i.e. (específicamente) idolatría:-abominación.

G948
βδελύσσω
bdelúso
De a (presunto) derivado de βδέω bdéo (apestar, heder); estar disgustado, i.e. (por implicación) detestar (especialmente de idolatría):-abominable.

G2038
ἐργάζομαι
ergázomai
Voz media de G2041; laborar, trabajar (como tarea, ocupación, etc.), (por implicación) efecto, estar dedicado a o con, etc.:-hacedor, hacer, cometer, negociar, obra, obrar, práctica, trabajar, trabajo.

G2041
ἔργον
érgon
Del primario (pero obsoleto) ἔργω érgo (trabajar); laborar (como esfuerzo u ocupación); por implicación acto:-obra, acción, hacer, hecho.

G2087
ἕτερος
Jéteros
De afinidad incierta; otro o diferente:-(al día) siguiente,
diferente, distinto.

G2596
κατά
katá
Partícula primario; (preposición) abajo (en lugar o tiempo),
en variadas relaciones (de acuerdo al caso [genitivo dativo o
acusativo] con el cual va unido):-acerca (de), así, contra, contrario, entre, como, abajo, hacia abajo, debajo, en (todo), a la
manera (de), según, con, por (eso). En composición retiene
muchas de estas aplicaciones, y frecuentemente denota oposi-
ción, distribución o intensidad.

G2716
κατεργάζομαι
katergázomai
De G2596 y G2038; trabajar completamente, i.e. lograr,
conseguir, lograr; por implicación terminar, moda:-obrar,
ocupar, producir, hacer, hecho, acabar, cometer.

G2759
κέντρον
kéntron
De κεντέω kentéo (perforar) un punto ("centro"), i.e. agui-
jón (figurativamente veneno) o aguijada (figurativamente
impulso divino):-aguijón.

G2845
κοίτη
koíte

De G2759; diván; por extensión cohabitación; por implicación esperma del hombre:-concebir, lecho, lujuria.

G3119
μαλακία
malakía
De G3120; suavidad, i.e. depresión (debilidad):-dolencia.

G3120
μαλακός
malakós
De afinidad incierta; suave, i.e. (ropa) delicados; figurativamente afeminado:-afeminado, delicado.

G3816
παῖς
país

Tal vez de G3817; muchacho (por ser a menudo golpeado con impunidad); o (por analogía) niña, y (generalmente) niño o niña; específicamente esclavo o siervo (específicamente ministro ante un rey; y por eminencia ante Dios):-niño, siervo, hijo, joven, muchacho, criado.

G3817
παίω
paío
Verbo primario; golpear (como por un solo golpe y menos violentamente que G5180); específicamente aguijonear (como el escorpión):-golpear, herir.

G3844
παρά
pará

Preposición primario; propiamente cerca; i.e. (con genitivo) además (literalmente o figurativamente), (con dativo) a (o en) la proximidad de (objeto o sujeto), (con acusativo) en proximidad con (local [específicamente más allá u opuesto a] o causal [a cuenta de]:-a, para, con, junto a, al lado de, del, contra, dar contra, arremeter. En compuestos retiene la misma variedad de aplicación.

G4008
πέραν
péran
Aparentemente acusativo de un derivado obsoleto de πείρω peíro ("perforar"); a través (como adverbio o preposición), i.e. a través:-al otro lado, la otra orilla, la otra ribera.

G4097
πιπράσκω
piprásko
Forma prolongada y reduplicación de πράω práo; (que ocurre solo como alternado en ciertos tiempos); contracción de περάω peráo (atravesar; de la base de G4008); traficar (por viajar), i.e. disponer de mercadería o en esclavitud (literalmente o figurativamente):-vender.

G4205
πόρνος
pórnos
De πέρνημι pérnemi, (vender; similar a la base de G4097); prostituto (varón) (como venal), i.e. (por analogía) fornicario (libertino):-fornicario, fornicaria.

G4228
πούς
pous

Palabra primaria; "pie" (figurativamente o literalmente):-estrado de sus pies, pies.

G4561
σάρξ
sárx
Probablemente de la base de G4563; carne (como despojada de la piel), i.e. (estrictamente) la carne de un animal (como alimento), o (por extensión) el cuerpo (como opuesto al alma [o espíritu], o como símbolo de lo que es externo, o como el medio del parentesco), o (por implicación) naturaleza humana (con sus debilidades [fís. o moralmente] y pasiones), o (específicamente) un ser humano (como tal):-carnal, carne, cuerpo, humano, naturaleza, sangre.

G4563
σαρόω
saróo
De un derivado de σαίρω saíro (cepillar para sacar; afín a G4951); significa escoba; barrer:-barrer.

G4951
σύρω
súro
Probablemente afín a G138; arrastrarse, caminar penosamente:-arrastrar, traer.

G5446
φυσικός
fusikós
De G5449; "físico", i.e. (por implicación) instintivo:-natural. Compare G5591.

G5449
φύσις
fúsis

De G5453; crecimiento (por germinación o expansión), i.e. (por implicación) producción natural (descendencia lineal); por extensión genio o suerte; figurativamente disposición natural, constitución o uso:-de nacimiento, natural, naturaleza humana.

G5453
φύω
fúo
Verbo primario; probablemente origen soplar, i.e. hincharse; pero solo usado en el sentido implicación, germinar o crecer (brotar, producir), literalmente o figurativamente:-brotar, nacer.

G5590
ψυχή
psujé
De G5594; aliento, i.e. (por implicación) espíritu, abstractamente o concretamente (el principio sensitivo del animal solo; así distinguido por un lado de G4151, que es el alma racional e inmortal; y por el otro G2222, que es mera vitalidad, aun de las plantas: estos términos de este mundo corresponden exactamente y respectivamente a los hebreos H5315, H7307 y H2416):-persona, ser, vida, muerte, alma, ánimo, corazón.

G5591
ψυχικός
psujikós
De G5590; sensitivo, i.e. animado (a distinción por un lado de G4152, que es la naturaleza más alta o renovada; y por el otro de G5446, que es la naturaleza más bajo o bestial):-animal, natural, sensual.

G5594
ψύχω
psújo

Verbo primario; respirar (voluntariamente pero gentilmente, de este modo difiriendo por un lado de G4154, que denota propiamente una respiración forzada; y por el otro de la base de G109, que se refiere propiamente a una brisa inanimada), i.e. (por implicación de reducción de temperatura por evaporación) enfriar (figurativamente):-enfriarse.

BIBLIOGRAFÍA

BIBLIAS

Barton B. B. y Rojas Mayo J. (1996). *Biblia del Diario Vivir.* Nashville, Tennessee: Editorial Caribe.

Biblia de Jerusalén (1976).

Biblia Nacar-Colunga (1944). Ediciones BAC.

Biblia Torres Ama (1999). Terranova Editores.

Biblia Versión Moderna (1929). Sociedades Bíblicas en América Latina-Biblos.

Dios Habla Hoy - La Biblia de Estudio (1998). Estados Unidos: Sociedades Bíblicas Unidas.

Hayford J.W. et ál. (1994). *Biblia Plenitud.* Nashville, Tennessee: Editorial Caribe.

Hernández, E. A y Lockman Foundation (2003). *Biblia de estudio: LBLA.* La Habra, California: The Lockman Foundation. Casa Editorial para la Fundación Bíblica Lockman.

La Biblia de las Américas (1986). La Habra, California: The Lockman Foundation.

La Santa Biblia Dios Habla Hoy (1996). Sociedades Bíblicas Unidas.

La Santa Biblia, Antiguo Testamento (versión de Casiodoro De Reina, 1995). Sociedades Bíblicas Unidas 1995.

La Toráh - El Pentateuco. Biblos-Universidad de Jerusalén.

Nueva Biblia de los Hispanos (2005). La Habra, California: The Lockman Foundation.

Nueva Versión Internacional (1979). International Bible Society East Brunswick, NJ, Estados Unidos: Sociedad Bíblica Internacional.

Biblia Peshitta en Español, Traducción de los Antiguos Manuscritos Arameos (Nuevo Testamento), © Copyright 2006 por Instituto Cultural Álef y Tau, A.C., Publicado por Broadman & Colman Publishing Group.

Reina-Valera (1909). Corea: Sociedades Bíblicas Unidas.

Reina-Valera (1960). Miami: Sociedades Bíblicas Unidas.

Reina-Valera (1989). El Paso, Texas: Editorial Mundo Hispano.

Reina-Valera (1865). El Antiguo y El Nuevo Testamento, versión de Cipriano de Valera revisada y corregida.

Santa Biblia: La Biblia de las Américas (1986). La Habra, California: The Lockman

Sociedades Bíblicas Unidas (2000). *Biblia en Lenguaje Sencillo.* Miami.

Biblia Traducción en lenguaje actual, (2002). Sociedade Bíblica do Brasil.

OTROS

Ascunce, D. (2003). *Traducción Kadosh Israelita Mesiánica de Estudio* [en línea]. Consultado el 24 de abril de 2011 en <hhttp://hebreo.frih.net/tanaj.htm >.

Blázquez, J. M. (2006). *Conductas sexuales y grupos sociales marginados en la poesía de Marcial y Juvenal.* Madrid: Real Academia de la Historia.

Boswell J. (1998). *Cristianismo, tolerancia social y homosexualidad, Los gays en Europa occidental desde el comienzo de la Era Cristiana hasta el siglo XIV.* Barcelona: Muchnik Editores SA.

Bryan J. et ál. *Comentario bíblico mundo hispano Oseas-Malaquías,* 1.ª ed. El Paso, Texas: Editorial Mundo Hispano.

Carro, D. P. et ál. (1993), *Comentario bíblico Mundo Hispano 1 Reyes, 2 Reyes, y 2 Crónicas,* 1.ª ed. El Paso, Texas: Editorial Mundo Hispano.

Carson, D. A. et ál. (1999). *Nuevo Comentario Bíblico: Siglo Veintiuno.* El Paso, Texas: Casa Bautista de Publicaciones.

Cevallos, J. C., Zorzoli R. O. (2005). *Comentario Bíblico Mundo Hispano,* tomos 7 y 19: El Paso, Texas: Editorial Mundo Hispano.

Deissmann A. (1927). *Light from the Ancient East: The New Testament Illustrated by Recently Discovered Texts of the Graeco-Roman World.*

Derrick S. B. (1975). *Homosexuality and the Western Christian Tradition,* Archon Books.

Douglas, J. D. (1982). *Nuevo Diccionario Bíblico Certeza*, Barcelona, Buenos Aires, La Paz, Quito: Ediciones Certeza.

Edwards G. (1984). *Gay/Lesbian Liberation: A Biblical Perspective* Nueva York: NY The Pilgrim Press.

Grant R. J. (1997). *La firma de Dios.* New Kensington, Pensilvania: Whitaker House.

Greenberg, D. (1988). *The Construction of Homosexuality.* Universidad de Chicago.

Henry, M. (2003). *Comentario de toda la Biblia,* Miami: Editorial Unilit.

Horner T. (1978). *Jonathan loved David: homosexuality in biblical times.* Filadelfia: Westminster Press.

Hurault B. y Ricciardi R. (1972). *Biblia Latinoamericana.* Editorial San Pablo & Verbo Divino - Sociedad Bíblica Católica Internacional (SOBICAIN).

Jamieson, R. et ál. (2003). *Comentario exegético y explicativo de la Biblia,* tomos 1 y 2. El Paso, Texas: Casa Bautista de Publicaciones.

Koepnick E. (2008). "The Historical Jesus and the Slave of the Centurion: How the Themes of Slavery, Sexuality, and Military Service Intersect in Matthew 8:5-13". En Oshkosh Scholar, vol. III.

Lockward, A. (2003). *Nuevo Diccionario de la Biblia*. Miami: Editorial Unilit.

Lloyd, R. (1995). *Estudios Bíblicos ELA: ¡Tu Dios reina! (Isaías y Miqueas)*, Puebla, México: Ediciones Las Américas, A. C.

Maimonides, M. (1904). *The Guide to the Perplexed* Nueva York: Publicaciones Dover.

Morris, C. A. (1992). *Comentario Bíblico del Continente Nuevo: San Marcos.* Miami: Editorial Unilit.

Nelson, W. M. y Mayo, J. R. (1998). *Nuevo Diccionario Ilustrado de la Biblia.* Nashville: Editorial Caribe.

Packer, J. I. et ál. (2002). *Enciclopedia Ilustrada de Realidades de la Biblia.* Miami: Editorial Caribe - Thomas Nelson Publishers.

Pfeiffer, C. F. (1993). *Diccionario Bíblico Arqueológico*, El Paso, Texas: Editorial Mundo Hispano.

Radmacher, E. D. et ál. (2003). *Nuevo Comentario Ilustrado de la Biblia*. Nashville, Tennessee: Editorial Caribe.

Real Academia Española (1970). *Diccionario de la Lengua Española*. Madrid: Editorial Espasa-Calpe.

Somoza, J. S. (1997). *Comentario Bíblico del Continente Nuevo: Romanos,* Miami: Editorial Unilit.

Unger, M. F. (1988). *The New Ungrs's Bible Dictionary.* The Moody Bible Institute of Chicago.

Vázquez, B. (1994). *Estudios Bíblicos ELA: Dios es justo y fiel (Oseas - Habacuc),* Puebla: Ediciones Las Américas, A. C.

Vine, W. E. (1999). *Diccionario Expositivo de Palabras del Antiguo y del Nuevo Testamento Exhaustivo.* Nashville: Editorial Caribe.

Wiersbe, W. W. (1995). *Bosquejos Expositivos de la Biblia, AT y NT.* Nashville, Tennessee: Editorial Caribe Inc.

Índice

Editorial LibrosEnRed

LibrosEnRed es la Editorial Digital más completa en idioma español. Desde junio de 2000 trabajamos en la edición y venta de libros digitales e impresos bajo demanda.

Nuestra misión es facilitar a todos los autores la **edición** de sus obras y ofrecer a los lectores acceso rápido y económico a libros de todo tipo.

Editamos novelas, cuentos, poesías, tesis, investigaciones, manuales, monografías y toda variedad de contenidos. Brindamos la posibilidad de **comercializar** las obras desde Internet para millones de potenciales lectores. De este modo, intentamos fortalecer la difusión de los autores que escriben en español.

Nuestro sistema de atribución de regalías permite que los autores **obtengan una ganancia 300% o 400% mayor** a la que reciben en el circuito tradicional.

Ingrese a www.librosenred.com y conozca nuestro catálogo, compuesto por cientos de títulos clásicos y de autores contemporáneos.

CPSIA information can be obtained
at www.ICGtesting.com
Printed in the USA
BVHW030212191021
619199BV00024BA/100